日本 JAPAN 现在 NoW 进行式

刘黎儿／著

三联书店

自序　日本现在怎么了？

尤其福岛核灾显然几十年内无法平息，
日本仿佛再度经历了一次败战。
这是日本在历史最受到世界瞩目、关注的时期，
也是日本表现的机会，千万要好好把握才是！

常有台湾的朋友见面都会问我："日本现在怎么了？"以前这句话是在问："日本景气到底如何？"或是"日本社会最近是否有新的变化？""日本最新流行趋势常是什么？"但在二零一一年三月十一日，堪称历史性大灾难的东日本大震灾发生之后，尤其是福岛核灾显然没有几十年无法平息，日本仿佛再度经历了一次败战，这样的日本将如何重新站起来，世人非常关心，日本本身也成为世界的聚焦点，身为观察者以及居民的我，当然更无法错过任何一个瞬间。

我在日本的时间已经超过我人生的一半，而且我在这里成家、生育儿女，日本已经是我的第二故乡。虽然台湾如果和日本赛球等，我当然还是毫不犹豫地为台湾加油，但这次震灾真让我为日本心疼不已。尤其东北地区和京都是我在日本最爱的地区，淳朴木讷的东北人，也是让我最先把家建在贴近东北的那须的原因之一；过去几年，我从那须出发，越过白河，在东北几县徘徊，踏寻俳人松尾芭蕉的足迹，但许多地区现在已面目全非，天灾让人重新体悟自然的威力无限，不容轻视。

从这次震灾就知道，世界各国的人们有不少反响，诚心为日本祈祷，这是日

本人长年努力所博得的人气，即使经济不景气，也无碍世人对日本人创造的各种洗练、多元的软件、文化另眼相看。也因为如此，我对于日本政治领导人无能无策而让核灾扩大，给世界添麻烦，让日本人的得分一下被扣掉许多而焦虑，很担心因为辐射污染问题，让日本人逐渐从受害者成为加害者，这并非日本人或喜爱日本文化的人所乐见的。除了其他国家如德国等，日本人本身也因为这次核灾而重新引发对核电的省思，像二零一一年四月十日统一地方选以超高票当选神奈川知事的黑岩祐治，选后第一声便是要用太阳能来“脱核电”，以免除生命的基本不安，挨过原子弹的日本人，当然不想让自己或邻国尝到辐射污染。

日本今后会如何？核灾没收拾告一段落，许多状况无法论断。日本的形象、信用、技术力等，都将因核灾处理过程以及短、中期的结果，而有很大不同。我在接受日本媒体访问时，也不断提醒日本人：“这是日本在历史上最受到世界瞩目、关注的时期，也是日本表现的机会，千万要好好把握才是！”当然，日本社会的底力很强，日本人的勤勉、忍耐、有条不紊及宽容、不抱怨等优异特质，世人有目共睹，此项日本的原动力依然存在；但从另一方面来说，日本人其实太容忍了，稍微强烈主张一点也不错。

日本算是对地震、海啸防范最周全、先进的国家，但依然无法克服如此天灾，只好对天嗟叹；人灾的话则更是理不尽、不可理，太辛酸了。福岛核灾虽然最初是地震、海啸所引起，但灾情扩大后，杀伤力已经不输给震灾、海啸本身。虽然海啸致死人数等较多，但人们还能回去重建家园，东北震灾灾区过了一个月后已经开始朝复兴、复旧前进；但核灾灾民的时光却因此停止了，完全失去了回家的机会。核灾至今还没脱险或许半径三十公里甚至五十公里圈内的居民都永远无法回家，饱受辐射污染的土壤可能永久无法复原，附近的海洋也将因此有一段时间无法出渔等，核灾等于把日本地图削掉了一大块。虽然核灾也给两百五十公里外的东京带来不安，但比起福岛人而言，实在不算什么，许多福岛人说：“把核电搬给东京！因为电都是东京人在用的！”那样的心情是很可以理解的。二零一一年三月十五日，东京也测到相当浓度的辐射污染，翌日我曾疏散到关西几天，当时担心或许会更加恶化，多少觉悟会失去至今奋斗半生所得来的身外之物，尝到过了今天却不知道明天会怎样的不安感，神经超粗的我居然至今无法自然醒，因此更能体会福岛人的感受。

我自己是个不断犯错的糊涂虫，从核灾发生之后，发现假定应该完美无缺的核电系统毛病多多，也有许多无法预料的问题出现，才一个多月就听搞核电或监督核电的人说了四五十次“想定外（预料外）”，更了解这种假定不会出错的设计思想原本就是错误的。谁都会犯错，要建立绝对不能发生错误的系统，本身就是很自大、荒谬的想法，就算在实验室里都不大可能，要建立在变化多端的大自然、人间社会里，更是不可能。而且至今人类尚未替用过的核废料、辐射污染垃圾找到安置的方法，没有加上这棘手的善后部分，核电成本的计算等于是少了十分之一，一点也不便宜；而且四处留下有“脏炸弹”之称的核废料给自己或子孙，一点也不干净。

人无法继续怠惰下去，我也跟许多东京人或日本人一样，认为今后应该尽量省电，采用属于二十一世纪的新方式如 LED、太阳能板、冷热双效系统等来快活、舒适地省电，而且精用高级的电力，不要让电力去做没效率的粗活，电力总消费量自然减少也减碳，不需要拼着生命危险来发电，才有真的安心、安全与干净。

目录

目录

本町四丁目
商店街

PART 1 震灾分水岭

地震把问题都震出来了

日本从泡沫经济崩溃之后，

二十几年没有找回他们

“失去的十年”或“失去的二十年”，

然而二〇一一年三月十一日的大地震，

终于把日本今后的课题震出来！

三月十一日发生了日本史上空前的大地震、海啸，接下来则因人灾让核电事故扩大到也近乎是史上最恶劣的大核灾。由于首相官邸自己炉心熔毁，对应迟缓延误，毫无章法，引发世界对核电的不安，以及对食品等的抢购潮与供应的恐慌，也让许多受灾者至今都陷于匮乏、焦虑中。但另一方面，日本从泡沫经济崩溃之后，二十几年没有找回他们“失去的十年”或“失去的二十年”或许这次大地震，终于把日本今后的课题震出来！

在春分的三连休时，我离开因停电及班车减驶而苦闷、混乱的东京，去了大阪、神户，两地人潮汹涌，活力十足。在台湾九.二一大地震之后，我也曾去过神户，但当时还在建设中，现在则是新建的大厦、公共设施都成为理所当然的存在了，十几年前的阪神震灾了无痕迹，关西人或许原本就比较乐观、开朗，从重建到复兴也相当快速。这次核灾事故的污染情势一度紧逼东京，迫使首都圈的人大举疏散撤离到关西，甚至像德国大使馆更宣布把使馆领事机能移转到大阪，其他有些企业今后也会为了回避风险，而把机能、工厂等分散到关西去。

京都的人常说："天皇不过是暂时到东京去一下！"也不肯承认德川把都城迁到东京，这次核灾发生后，曾有谣言流传天皇会回到京都，但也显示关西的机会或许来了。关西如大阪等地，因为接近活力十足的亚洲其他国家，在百货业最不景气时，三月里大阪高岛屋、梅田大丸等百货仍相继增加营业楼层面积，打算成为新时代百货业的集大成者，意气风发，谁都不觉得大阪十几年前也曾沦为震灾地狱。

这次东日本震灾跟神户比起来，凄惨很多。阪神大地震的时候，房屋虽倒塌，但大家还能在同样的地方重建家园；但这次是山河变色，城镇消失，地层下陷，要在原地重建家园很困难。此外，一般人看阪神复兴得很快，但专家表示，即使过了十几年，受灾者的心灵伤痕至今未愈，受灾者会有丧失感、罪恶感——为何只有我自己活着，以及绝望感。而阪神震灾时大家还比较看得见未来，但这次东日本震灾死亡人数是阪神的数倍，创伤也甚于数倍。只是东北三陆地区在一八九六年及一九三三年都曾经历大海啸，甚至公元八六九年贞观地震也是东北受灾，这或许是东北人跟他们的祖先一样，能无言无怨接受这个悲剧的原因。

但是，这次连福岛、茨城等也都受灾，海啸是连它本身不曾有记忆的土地都一起侵袭了，说是千年大灾难也一点都不过分。此外，这次灾害也突显了现代的样貌，过去的震灾、海啸发生时还没有核电存在，这次则不同，还在大都市里出现大批归宅难民、轮流停电等，机能全集中于东京，问题完全暴显出来。或许日本对于核电乃至各种问题重新思考，改头换面，向世人展现全新的经济和社会典型，将是最佳的赎罪。

大乱见真章

大乱的关键时期，格外能看出人的本质。

日本人在震灾发生时，一般表现冷静、井然有序，

而政治家除了伶牙俐齿之外，

还要具备对大局的认识与决断力，

这场大地震，尤其考验急于出头的人！

日本以前都认为只有关东才有地震，尤其一九二三年关东大地震之后，许多文人如谷崎润一郎等大受惊吓，就移居到京都、兵库等关西地区，但谁也没想到，一九九五年发生了里氏七点三级的阪神大地震。而这次的东日本震灾也是始料未及，日本长年花大笔经费研究地震，单单日本文科省的地震海啸观测系统每年就花掉十二亿日元，其他也有耗资二十亿日元的防震战略研究等，总计防震经费超过百亿，却都是以东京和东海为重点，忽视东北地带，看来地震学者的预测比算命的还差！

这次东北地震发生后，气象局估测一再出错，也造成错觉与延误，让人很想要非常耗钱的地震研究单位退钱！但地震引发的海啸天灾确实令人相当无奈，即使预测到了，也预测不出来规模会这么大、范围会这么广泛！

大乱之时，格外能看出人的本质。一般的日本人在此时表现冷静、井然有序，而且充满互助温情及信赖、坚强，让世人刮目相看。相对于此，那些领导人却很经不起考验，尤其平日无能的首相此时要率领全国度过千年一遇的天灾困境，实在很为日本人叫苦，可能让日本陷入百年一遇的经济危机。

原本，此次大难算是救了政治上陷入穷途末路的民主党，但结果领导者无能，满脑子只想到演出效果。菅直人在地震发生后突然表示要搭直升机去实感灾情，而延误现场救援作业；灾后七十二小时内还花掉两个下午跟自民党等在野党对谈，到第四天还没有让记者们问过一个问题；核电第一次氢爆后隔了五小时才出面，关键问题还交给别人说明，也没有迅速大胆地推出复兴补正预算，让国民知道自己的领导人根本没进入状况。幸好日本国民或企业早就养成不依赖政府或政治家的习惯，所以一九九三年长年执政的自民党下台，日本的电车或任何企业也不为所动，分秒不差地照常运作。

此外，像是原本可能在此时出头的灾难明星不但没有发亮，还暴露出失策的愚蠢。例如主管核电安全的经产省大臣海江田万里，没有努力监督旗下保安院，让手足无措的保安院掀起不安，还同意东京电力公司抄袭加州做法，推出很不符合日本需要而让日本经济瘫痪的“计划停电”，造成大混乱及社会麻痹。评论家出身的海江田一度还想选民主党党魁、当首相，但这次他的无能暴露无遗。原本也传言可能当上东京都知事甚至女首相的莲舫负责节电，但没下功夫，也没提出正确对策，只用煽情语调来倾诉，只是摆花架子。

在关键时期，政治人物除了伶牙俐齿之外，还需要具备对大局的认识与决断力，这场大地震，尤其考验这些急于想出头的人！

优质国民，劣质内阁

日本国民在历经震灾大难之后，
能忍住悲痛，沉着面对，
展现出临危不乱的崇高素质，
而敬业、热诚的援救作业也赢得钦佩。
但在另一方面，
日本政府也有许多失策及慌乱，
正好可以作为各国的反面借鉴。

日本在三一一发生里氏规模九级的大地震之后，由于是这样大规模的灾难首次发生在人口密集的先进国家，从镜头前大家看到日本的表现，虽然为日本悲痛，却也为日本井然有序的应对而赞叹不已。许多世人首次了解，原来日本在平时就有如此周密的地震、海啸对策，而且有对应灾难的各种联络系统；国民在历经如此巨大的灾变之后，居然能忍住悲痛，没有呼天抢地的嚎哭，沉着面对，展现临危不乱的素质，而敬业、热诚的援救、复旧作业也赢得钦佩。但在另一方面，日本政府也有许多失策及慌乱，正好可以作为各国的反面借鉴。

防灾训练周密，
东京市民镇定避难

地震发生当天，我在距离新宿不远的中野车站旁的一处书店暨购物中心，虽然东京的情形没有那么严重，但也是从一九二三年关东大地震以来最严重的一次。在办公大楼里工作的人员马上不慌不乱地走楼梯下楼，而不利用电梯；随后购物中心便以广播请各部门负责安全的员工回报管辖区域内人与物的损伤状况——所谓负责安全的都是普通店员，但此时皆动员起来清点确认。各处列车都随即靠站，并请客人下车，检点车、轨状态，原本人潮拥挤的车站也在乘客合作下，迅速无声地完成撤离，瞬间化为空城。此时东京各处街道上涌满了人，但表情从容，拿出手机确认家人安否。

回到家里，平常下午五点会播放音乐提醒已到傍晚的“町内会”社区放送系统，也展开各种有关安全确认的广播，并且播放区公所的相关余震警报，请居民协助附近的独居老人在必要时避难等。町内会平时就有互相传递、联系的传言板，即使在大都会里也建立最低限度的守望相助，发生灾难时就非常管用。普通家庭也备有防灾包，家族间约定万一发生天灾时，应尽量在指定的地点避难，并以该处为最后相会地点等。小学生的座位之下必备有防止头部遭坠落物击伤的防灾头巾，防灾训练从平时就不断进行。三一一当天因为东京地铁、JR线电车都停摆，交通完全瘫痪，在东京工作的人有家归不得，各处公交车或出租车呼叫站都有人排队排十个小时以上，即使内心非常不安，但还是规矩地排队。许多电车站内各有上千人安静地排队等电车恢复行驶，而知道无望之后，日本政府、东京都和各大学都决定开放校舍以及相关设施，给有家归不得的人进去避寒过夜，而且迅速发给毛毯等。原来日本的许多大学，尤其是有学运经验的大学如东京大学，特别不喜欢让公权力使唤，但遇到这样的天灾，不仅是公立大学，私立大学如早稻田大学、立教大学、青山大学等也开放让"归宅难民"休息。其他各处公路上的车辆，也都随着道路封锁的解除而依序开始行驶，没有插队、抢跑的。

海啸灾民互助，
物资救援迅速到位

这次地震后海啸随即而来，即使东北太平洋岸地区是著名的锯齿状 ria coast（岬湾海岸）地形，很容易汇集海啸而且使其集中并升高高度，因此原本就有全球最严密的防范海啸系统，然而在海啸来袭之际，地方的消防队或区公所职员也还是边逃生、边喊话、边疏导，但大部分都逃生不及，几个市町村都是全灭，市公所也遭吞没。像下落不明人数超过一万人的南三条町，町长就眼见许多协助居民逃生的年轻职员相继被卷入浪里。东北这些乡镇都有充分的海啸警报设施，但即使警报大鸣，没几分钟海啸就狂袭而来，作用有限。

日本在世界各国中对防震、防啸是最有研究的，"海啸"的英语"TSUNAMI"就是源自日文；除了防波堤和警报系统，阪神大地震之后，日本也提高建筑物的耐震标准，要求严格，但有的建筑虽然躲过地震，却躲不过海啸把房子连根拔起。在各灾区停水停电的状态下，地方政府以及急救单位如消防队、警方等，迅速开设了两千多处中

小学、体育馆、社区中心等作为避难所，收容了四十五万人以上。

NTT 等电讯公司瞬间便决定通话优先级，开放公共电话免费使用，并且开设确认安全以及寻人或报平安的专线一一七，各种求助专线、专设网页，包括让受灾外国人也能利用的专线，都在几小时内迅速建立。各避难中心也张贴了避难者基本资料，让许多人很快就能找到家属亲人。

各处避难所即使条件再差，难民们都会共同分享物资，在领取食物、饮水时好好排队，有力气的人也会协助其他老弱避难者。或是像宫城县有些避难所从十四日起提供手机充电站，要排好几个小时才能充电十分钟，但所有人都毫无怨言地排队充电，分享资源时也不会有人想多领一份等。各处避难所即使水、电都有问题或厕所不足，但都维持高度整洁，看不到垃圾。

在灾区如气仙沼的望洋饭店则把所有房间开放给灾民避难，也有人提供民宿、温泉等让灾民使用或做了大量饭团送到避难所。许多灾区的超市、便利商店都扮演义务的供货中心，协助发放支援物资，也有许多输送公司在此时调度相当人力、车力参加救援行列。许多地方自治体如茨城县，也帮忙收容福岛核电事故避难灾民一万五千人，东京都知事石原慎太郎则马上拨出一百亿日元以及救援队、简易住宅等，魄力不输给中央政府。

日本政府派出的救援人员如警察、自卫队，不需要投入任何一个人力来维持治安，这也是其他国家在遭遇如此天灾时鲜见的状况。每一分人力都很落实地投入救援、复旧，警察、消防人员也非常敬业，至今已经有五十人以上殉职。专业工作人员如东电员工等，也有十几人为复旧或抢救核电而牺牲。

最值得一提的是，不管 NHK 或民间电视台，在播报灾情新闻时声调都力求平静，没有尖叫或煽情的语气，惨不忍睹的灾情是不需要夸张报道的。电视镜头也鲜见不由分说地直摄罹难家属恸哭或硬要访问已经悲痛不堪的灾民，所有报道都是以把灾害降至最低，以救援、防止二次灾害或余震灾害为最大目标，这样的媒体也是营造整个灾后沉着气氛的重要功臣。而且为了多提供震灾信息，各台采取非常体制，二十四小时播出相关消息，NHK 连大河连续剧等都停播，民间台也都自动不播出广告，单单三月十二、十三日这个周末，每家损失的广告收益约五至十亿日元，直到十四日才陆续插入少量广告，损失惨重，但对整个日本而言是值得的。

内阁反应迟钝，
核灾引发高度不安

制定应对灾害政策的民主党菅内阁，则显得十分昏庸无能。菅直人只想利用地震延长政权的寿命，没有真正承担起总指挥官的责任，连带让各省厅的大臣、官员等也都手足无措，每项对策都慢了好几拍。例如出动自卫队救灾，一直都没下决断，第一天只要求出动八千人，十二日增为两万人，再追加为五万人，最后才派出十万人，等到真正抵达灾区已是第四天了。而且增派救灾人员一事，首相官邸事前也没和自卫省协商，只是任意说声“能派的就派”，派遣计划一改再改，幸好防卫省原本就有国内外救灾经验，在首相指示之前就已经先派机侦查灾区，比日本政府或媒体都更早掌握东北全灭状态，各界都对菅内阁的救灾迟钝反应非常惊讶。

尤其惨重的是福岛核电厂事故，菅内阁在十一日地震海啸发生后，即使美国等外国一再呼吁要注意核电紧急发电系统无法运作的严重问题，美军甚至表示愿意帮忙输送冷却水，但菅内阁一直没有把此事列为第一优先处理，还粉饰实态，维持核电一贯的黑箱作业，慢了二十四小时对应，一再错过处理的黄金时段。直到福岛核一厂一号机发生氢爆的十三日当天上午，才出动自卫队特殊防护部队参与给水冷却等作业。

而且在福岛核一厂一号机十二日爆炸时，究竟围阻体是否爆破，日本政府拖了五个小时都没有说明，只是把附近居民的避难范围从半径十公里扩大为二十公里，将日本国民和世界的不安都提升到最高点；直到十三日三号机、十四日二号机发生类似事故，官房长官枝野率先坦承可能也将发生如十一日的氢爆，才算是积极说明。一九七零年发生美国三哩岛核电事故时，炉心熔毁而有辐射能外漏，但建物本身没爆破，州政府未做详细说明，便要求半径八公里之内的孕妇、幼儿避难，谣言四起，就造成不安的居民争先恐后避难的大混乱状态。

因为从一开始就没有优先对应，日本有好几处原子炉的氢爆还会持续，造成历史性的核电灾难。而且显然日本国内或欧美各国起初都认为，日本的核灾无法停留在四级核电灾难的评价，可能升到五或六级，不会变成切尔诺贝利般的七级就算很幸运了；但不幸的是到了四月十二日，日本终于承认早已升到七级了。

这一切都不像是核电先进国日本所该发生的，虽然东京电力一再表示是因为海啸把紧急柴油发电机冲坏了，但许多专家指出，其实海啸发生之后也还能运转或许是紧急系统本身有问题。因为核电世界是相当闭锁排外的世界，无法共有信息而集思广益，造成系统盲点，虽然核电人员拼命抢救，为此也有员工罹难或被曝，但发生的问题已经超乎他们所能想象、对应，直至四月中旬都未能真正脱出危机。

草率停驶电车，
反而引发首都混乱

最让日本经济致命的是，菅内阁完全听任东京电力摆布，而在尚未周知的情况下实施所谓的“计划停电”，造成首都大混乱，让日本社会、经济等陷入停滞，快要瘫痪。例如最愚蠢的就是限制有如生命线的电车运转，减少到三成、五成以下，要求大家尽量不要上班、上学，等于是扼杀此时想力求复兴的日本经济活力。这时应该采取的是发布限电政令，要求暂停使用最耗电的自动贩卖机或是限制便利商店的营业时间以及霓虹灯、招牌的点灯时间；限制电车行驶，等于是延后日本复苏振作的时间，许多工厂也因此无法恢复作业，让首都东京陷入恐慌状态。

万幸的是，国民即使在这样不合理的停电计划下依然忍受，很规矩地排队等着搭乘数量严重不足的电车，也这样过了几个礼拜。因为大家努力省电，加上日本的电力其实是充分的，才算解除了电力不足的警报，日本人的优良素质遭无能政府贱用，幸好国际的赞赏为他们讨回部分的公道！

职人精神战胜百年大难

福岛五十人不畏高辐射污染留守，
这些具有日本传统职人气质的员工，
坚守岗位跟看不见的文明敌人抗战，
挽救世纪灾难成功，
跟海啸摧毁东北海岸的震撼一样，将永远留在世人脑海。

东日本大地震发生之后，除了日本灾民的冷静反应、无怨无尤、互助互爱，让世人无法不敬佩之外，最初在对抗福岛核一厂核灾时，东京电力有五十人不畏严高辐射污染环境，拼死留守在随时可能发生重大事故的核电厂，进行抢救、防堵辐射外泄，这五十人因而被称为福岛英雄，“福岛五十人”或欧美所称的“Fukushima 50”、“The Fukushima Fifty”，已经成为新的专有名词。

除了这五十人之外，还有自卫队或东京、大阪的消防队员或是东电新增的三百人，前后近六百人前仆后继成为敢死队员，摸黑接水管灌水以及拉高压电线、修理配电盘让冷却器运转，才让几座原子炉在二十二日终告降温到一百度以下，并恢复通电，使核灾朝乐观方向前进，总算让大家松了一口气。这些具有日本传统职人气质的员工因为坚守岗位，跟看不见的文明敌人抗战，挽救世纪灾难成功，跟海啸摧毁东北海岸的震撼一样，将永远留在世人脑海，甚至还有许多欧美人主张颁给“福岛五十人”诺贝尔和平奖！

坚守岗位，忘我大爱令人感动

世人皆非常肯定这些抱定必死决心、在高辐射污染下处理核灾的员工，尤其是危机升到最高峰的十五至十八日的东电“福岛五十人”。十五日因二号机压力控制池发生爆炸以及四号机的燃料池爆炸，导致福岛核一厂的辐射量急遽上升，为免遭受污染，东京电力把留在现场对原子炉灌注海水的八百名员工撤走七百五十人，仅留下五十人留守，继续各项降温作业。这五十人之中发生许多感人的故事，除了有人发出誓死守卫而要妻子好好活下去的简讯打动世人心，也有位女儿倾诉自己还有半年就要退休的老爸，在福岛核灾爆发后，却志愿赶赴现场去参加降温操控作业。这个女儿原本很看不起在家里不起眼、不中用的老爸，现在则为他感到无上骄傲，这个故事连美国 ABC 电视网也加以介绍。

还有一位作业人员自己在福岛核二厂工作，而父亲是核一厂留守人员，在事故发生后的十六日也更新博客，结果许多人留言为他们加油，让他热泪盈眶。事实上在震灾发生时，他不仅和父亲，也和其他家人都无法取得联络，因为核二厂也几度告急，使他无法离开岗位，他写着：“我已经感到其他家人或许受灾死亡，虽然几度想赶回去拯救家人，但此时不容私情作祟，我跟我父亲所能做的，就是早一刻让核电安定！”

敢死精神，无法淡化政府责任

但是十五日早上，没想到自己身处安全地带，首相菅直人却跑到东京电力总社怒斥该公司高层："东电别想从核一厂撤退！你们给我做好心理准备，如果现在撤退，东京电力百分之百会消灭！"而且还大吼："你们要给我拼到死！"其实，当时东电干部或现场负责人都已经相当混乱了，万万没想到首相自己跑来大搅局，完全陷入一片恐慌，这是领导人最不该做的事。甚至十六日傍晚，菅直人在官邸里和内阁特别顾问，前连合会（工会连合组织）会长笹森清会谈时，居然还说："如此下去，东日本半边都会崩溃消失，所以我很厉害地采取对应措施！"但自己的对应晚了好几天，最后都是要现场人员真的卖命，还自称厉害，令人心寒。

而且，菅直人看到国际间肯定"福岛五十人"之后，也开始赞扬起"在现场拼命抢救的员工"，更让人不耻。有识之士也一再呼吁，东电的五十名敢死部队虽然行为可歌可泣，但不能让菅直人和东电高层借此将造成如此重大核灾的责任模糊化；这就跟二次大战一样，虽然参战士兵有令人感动的忠诚及敢死精神，却无法将此跟日本发动战争的责任混为一谈。菅直人还想利用"福岛五十人"的美谈来转换、淡化自己的重大罪责，到了二十二日也尚未向国际道歉。

自卫队的特殊武器装备部队或消防队员，从十五日起也加入抢救行列，尤其自十七日开始，东京消防队也抱着必死精神，走向高辐射的核电厂，冒死猛向污染程度最高的三号机灌水，总算让核灾到十八日从完全失控状态脱出，稍微出现缓解的可能。这些东京都消防队员都拥有高度专业知识，在十一日地震、海啸来袭当天，他们早就注意到福岛核一厂陷入危机，只是当天东京本身发生了五十几次火灾，自顾不暇。但从十二日起，消防队等都先行研究，若是被要求出动要如何抢救，万万没想到菅直人是到了十五日东电已经完全束手无策，才成立核电事故对策本部，也才开始让自卫队或东京消防队等加入灌水作业。

这些人都是在核灾危机最高点时进入高辐射污染地区，当时厂内停电，所有接管、灌水作业都是摸黑进行，而且每个人有被辐射污染的上限，所以每次都是十至十五分钟就得换班，作业非常艰辛。加上初时谁也不知道不断灌水是否会引发爆炸，非常恐怖、紧张，许多队员都坦承，刚开始心惊胆跳，后来才慢慢平稳地作业。

日本厚生劳动省为了让这些敢死的东电员工及消防队能继续留在现场拼命，所以把日本原本法定的相关作业员一年辐射量上限从一百毫西弗提高为二百五十毫西弗，其实也就是要他们不顾自己死活。但即使穿上防护服、轮番上阵，因为暴露于高辐射的次数过多，经济产业省原子力安全保安院二十一日下午发表，福岛核一厂事故后参与作业的人员中，有人遭辐射污染量超过一百五十毫西弗（亦即达十五万微西弗）。

恫吓逃避，
大官高层令人心寒

也因为有菅直人这种用恐吓来逼迫东电不准撤退的上司，果然也有不孝子臣跟着效法。经济产业省大臣海江田万里也去恫吓正在

进行放水准备作业的东京消防厅，而且还不是到现场，而是自己在东京安全高处用电话对队员说："你们若不听话，就要加以处分！"让东京消防厅的直属上司——东京知事石原慎太郎，二十一日直接跑到官邸去对菅直人破口大骂海江田，说："躲在后面的说那种话，叫人怎么打仗！"大众也觉得海江田太不像话，在此时不打气还学菅直人用恐吓手段，海江田只好在二十二日道歉。

其实不仅海江田缩头在后方骂人，当旗下员工出生入死在前线拼命时，东电社长清水正孝只在十三日召开记者会道歉，十九日以书面表明遗憾，就不见人影，也迟迟不敢到核一厂视察灾情，让各界愤怒不已，结果只有副社长在二十二日终于到了遭受核灾的福岛县民避难所道歉，但这一切都太迟、太不足了。三十日，清水告病住院，由董事长胜俣恒久暂代社长，看来势必下台，但在这之前，至少应该为核灾向世界道歉。

空口讲道理没用

面对空前国难，许多企业者的表现，

让人觉得他们与日本社会共存，

而并非把企业当成个人赚钱工具，

社员也因此引以为傲、士气大振。

因为这种时候，

空口说道理是没用的，

行动才算数。

千年一次的大天灾，外加规模不小于天灾的核灾，对日本政治、经济都是最大的考验。尤其主政者听信东电一家之言，乱搞没有计划的"计划停电"，加上东京都知事石原慎太郎呼吁要自肃，让消费大为萎缩，萧条绝望，如何面对空前国难，政经领袖面临挑战。政界领导人已让国民大为失望，相对而言，许多企业经营者在关键时的表现，让社员引以为傲、士气大振，因为这种时候空口说道理是没用的，行动才算数。

像是UNIQLO的柳井正最早在三月十四日就捐出私财十亿日元，

该集团另捐四亿余元，并随即清点库存，两天内调度好约七亿的发热衣等衣物，确保运送物资的系统，由大批员工亲自到灾区将实用衣物分发给灾民，深受好评。此外，乐天社长三木谷浩史也捐了十亿，都充分表现经营者的行动力，让人想起一九九五年阪神大地震时，大荣创业者中内功率先指挥物资配送的情景。

最具震撼性的还是软库（Softbank）社长孙正义一口气便捐出一百亿日元，以及他到退休为止的年收（每年约一亿九千万日元），完全超出普通日本人的规格，让各界不得不惊叹佩服！这比他先前发表震灾孤儿到十八岁为止得以免费使用该公司手机，而有趁机宣传产品的嫌疑完全不同；而且他还以个人身份而非社长身份，跑到福岛、埼玉等避难所去了解实况。

这些企业主都让人觉得他们与日本社会共存亡，经营者并非把企业当成个人赚钱工具，而认为企业是社会公器，社会有危机时赚钱也没用。“社会公器”是我早年在报社工作时常听到媒体人自许的词汇，但近年没人说了，想不到日本大企业真的在实践这样的理想、原则！

外籍社长表现也不错，像索尼董事长斯特林格（Howard Stringer）马上呼吁全球索尼集团员工捐款，展现索尼大家庭的力量，没几个小时全球就捐了好几万美元，还有中南美社员要求今后自动扣薪百分之五支援等，让斯特林格跟日本员工的距离瞬间拉近，发现外籍经营者行动力果然不同。日产社长高恩（Carlos Ghosn）也在三月二十日亲自到福岛核一厂半径五十公里圈内的磐城工厂视察，表明不会关厂，共朝复兴前进，明确表示在六月将恢复全面运作，安定人心。同日，丰田社长章男也去宫城灾区视察，对灾区代理商、零件工厂许下共斗诺言，保证灾民的雇用，让人觉得在这样的企业工作是值得的。

电视上看不到的灾情真相

日本虽然每年花了上百亿日元，
进行地震研究及研拟相关战略，
但这次里氏九级地震及海啸的威力，
还是超乎许多地震学者的想象。
不管是防灾观点或社会结构等成因，
日本或具备类似条件的台湾，
似乎都应深切思考、检讨来加以改变。

三一一发生的里氏规模九级东日本大地震，通过电视镜头传送到了世界各地。映在眼里的情景，仿佛不是这个世界，而是电影里世界末日的情景，海啸将许多踏实度日的日本东北海岸地区人们的生命、生活，全给冲坏、卷走了，许多完整的乡镇都被夷为平地，人们眼看自己生活的市区街道及家屋田园被冲走，报道的记者大喊："现在被冲走的是一整个市区！"但日本的新闻报道基本上是保守、克制的，尤其这次千年一次的大灾难，媒体之间很有默契，不管死伤人数或房屋倒毁的估算，都尽量根据官方数字来发表；另一方面也是有些灾区至今尚无法接近或是当地的市村公所都已全灭，地方公务员也死亡或下落不明，根本不能回报损害及伤亡状况，因此真正的灾情尚无法全面掌握。但实际情况的确要比报道所见更为惨痛、严重，原本东北地区拥有全世界最高的防波堤以及最美的防潮林，却挡不住这场世纪性大灾难！

震灾死亡人数，
超过阪神大地震

目前，至少全倒的房屋是上万栋，而半崩坏及部分损坏的房子则是十万栋以上；这和一九九五年的里氏七点三级阪神大地震相比，在数字上不是那么惊人，因为阪神是人口密集的都会地区，又是上下震动型的地震，倒塌全毁的房子是十万栋以上，半崩坏的房子则达十五万栋。但是这次的死亡人数，最后可能达到阪神的七八倍，乃至十倍。

阪神大地震时，当场有五千多人被倒塌的房屋压死，最后连同在医院不治死亡的人数则达六千四百三十四人。但这次单单是宫城县，警察本部都表示该县死亡人数超过一万人，下落不明的则达一万五千人以上，因此死亡人数将会超过三万人，福岛或岩手两县也可能各达一万人以上。其实这都还是保守估计，因为像岩手的大槌町，下落不明者就有八千人；人口二万三千人的南三陆町，大半人口都下落不明；因此最后的死亡人数单位将是以数万人计，甚至是阪神大震灾当场死亡五千多人的十倍——五万人的可能性也非常高。其他许多数字虽然是片段的，最后累计起来则非常惊人，整个日本东北海岸好像突然从日本版图上消失了，在高人口密度的先进

国家发生这样的大地震、大海啸，在全球也是前所未见的。

这次震灾除了死亡人数将创日本战后新高，最多的时候曾经开设两千六百多处避难所，共有五十五万人在避难；过了一个多月的四月下旬，依然还有十四万余人在避难。有些人虽然回家了，许多物资还是要依赖外界支援，因为居住机能以及各种商业机能尚未恢复。

更伤脑筋的是福岛核灾的避难者更多。三月十二日第一次氢爆之后，距离福岛二十公里圈内的双叶町和大熊町等二市六町二村，达十八万人，但南相马市和田村市即使在二十公里圈内，有许多人仍无法放下自己家里养的牛猪等家畜，而没有避难，最后有八万人外出避难，这些人从三月十三日起至今无法回家，而且看来或许几年或几十年都不能重返家园。附近地区今后显然也将长期饱受辐射污染，连首相菅直人自己都说："福岛核一厂附近二十年无法住人了！"到了四月十三日又宣布，四十公里外位于西北的饭馆村及浪江町，由于地形易受辐射尘等侵袭，也将在一个月内展开避难，未来可能真的会有十几万福岛人，永远无法回到自己的家乡。福岛县早已超过收容能力，只能靠邻近的县政府是否愿意收容，但现在连救援人力都还不足，移动本身也会造成新的混乱。

除此之外，在三陆等内陆一点的地区，还有受困孤立而未被接到避难所的灾民，十四日尚有两万五千人，这些人不吃不喝的忍受度也到了极限，幸好自卫队出动十万人以上，一天就救出一万多名受困者。但即使如此，到了十五日也还有数千名逃生而孤立等待救助的灾民，有的自卫队已经加以掌握，空投食物给他们，但也有的求生讯号还未传达或是因为水魔继续阻碍，潮水一直不退，让救援部队很难靠近。尤其是仙台以南地区，滞留的海水简直已经变成湖水，加上各处沿岸地区都有许多废材漂流，会卷进船舰的螺旋桨，导致自卫队等的救护船舰也动弹不得。

东北地盘下陷，
导致海水滞留

东北地方因为地震导致地壳变动，地盘下陷了七十厘米，因此原本海拔一至两米的市街都成了一个大水缸，海水滞留不走。三陆地区是世界最有名的锯齿状 ria coast（岬湾海岸）地形，亦即 V 字形海湾，很容易汇集海波力并且升高高度，原本就有全世界最严密的防范海啸系统，像是釜石港的防波堤就高达十米，还登上了金氏纪录，但是一遇到涨高达十三四米的海啸就完全没用了，连潮位计等都失灵，而是从备用的测量器测出来的。到了四月初，东京大学地震研究所调查发现，在岩手县宫古市的田老地区，海啸高达三十七点九米，直袭到岸边小山上，是这次海啸调查中出现的最高数值，和一八九六年明治三陆大地震所记录的岩手县大船渡市的三十八点二米——日本至今最高数值，足可匹敌。

也因为地层下陷，从海边无法靠近现场，从山侧去的公路也全毁，不能通行，原本当地有许多防灾用的真空吸水车，但全遭流失，排水作业窒碍难行，要把援救器材运到当地都很困难。许多乡镇由于全毁，海边到处都有数百上千的遗体散乱漂流而无法收容，但自卫队还是尽力地寻找、收容。

日本人非常重视找到家属遗体，为此四月一日起三天，自卫队

和美军总共投入二万五千名人力在沿岸寻找，但只找到七十九人，还是有一万五千人至今下落不明。

二零零八年岩手、宫城地区也曾发生地震，但都属于内陆型，在山区陆续发生沙土崩流，阻挠了救援及搜索活动，而这次的新课题则为长期浸水，让罹难者人数也因此不断上升。

防震对策，
要更重视基本面和人灾成因

日本这次是遭到了相当毁灭性的打击。几年前虽曾预测在宫城外海，三十年内会发生里氏七点五级以上的大地震，却未受到重视；此外，日本虽然每年花了上百亿日元在做地震研究及研拟相关战略，但都是以东京或东海遭地震来袭为前提，东北遭到忽视。而这次里氏九级地震及其带来的海啸威力，大概也超乎许多地震学者的想象，专家也未必真的有概念，即使提出相关对策，也不会特别通告东北地区的居民。从这次的经验可以得知，防灾并不是编列预算做些防波堤、水坝等硬件设施而已，而是平时就该建造更为顽强、能因应避难的会馆、医院及学校等，在海岸附近地区则不要盖很容易遭冲走流失的木造建筑。

至今日本的许多都市计划虽然也会纳入防灾观点，但往往顺位都被放在最后；核电问题也是一样，明明是地震大国的日本，核电厂数目却多得惊人，这也是政（民意代表）官（官僚）商勾结的产品，与利权息息相关，勉强生产、调度大量能源，而让许多政官关系良好的大企业获利。这样的社会结构也是此次灾情中的人灾成因之

一，今后日本或是具备类似地理及社会条件的台湾，似乎都应深切思考、检讨来加以改变。

震后日本政治最不景气

震灾、核灾后最需要振作的是政治
但政治本身却最不景气。
幸好日本社会不愿在此时提供舞台，
让政客们大搞没营养的斗争，
复兴行动在地方基层或民间企业
默默快速地进行，政客们也很识相，
当下还算比较集中精力参与救灾。

日本震灾、核灾发生后，表现最差的就是首相菅直人，被称为是应该最先拆除的建筑废弃物，否则万事无法开始着手；其次是内阁阁员、核电相关的监管单位，乃至东电等。在野党也是毫无作为，自民党党魁谷垣拿些不成理由的理由来表示，无法在此时与民主党合作。这些人在电视镜头前暴露出他们的无能与胡来，让日本国民非常惊讶：难道这就是日本所谓的菁英？怎能劣化到这种程度？日本形同又经历了一次大战，而且像核灾至今仍无力平息，要期待这些人让日本从废墟里站起来，似乎希望渺茫。

幸好，日本社会不是那种泛政治的社会，不会让政争或许多无谓的讨论在此时把人冲昏头，救灾、复旧在地方基层或民间企业、市民团体之间默默快速地进行。但另一方面，日本也实在期待能出现救国英雄，甚至有些很讨厌前首相小泉纯一郎让社会贫富严重化的日本人，也盼望有如小泉般具备决断力的人物来领导日本，网络上甚至掀起了“小泉待望论”，甚至有人觉得草莽气质的田中角荣也不错。

首相视察，
俨然是延误核灾的元凶

东日本大地震因为初期出动不力的人灾而造成二度灾害，最明显的就是核灾问题，二十八日并爆出让菅直人更为狼狈的内幕。原本在地震海啸来袭时，三月十一日深夜，东电和原子力安全委员会的委员长班目春树早已确认必须释放蒸汽，才可免于氢爆，但翌日十二日，菅直人为了作秀，强要搭乘直升机去福岛核一厂视察，班目随行陪同，而工作重点都放在如何保护菅直人，担心他会遭受辐射污染。由于释放的蒸汽含有辐射物质，为此一号机及二号机释放蒸汽的时间延误了十几个小时，等菅离开现场才开始释放，导致一号机原子炉内的围阻体压力异常上升。班目二十八日在国会接受质询时表示，“菅首相是为了想要稍微了解原子能问题”，令人啼笑皆非，因为东京工业大学毕业的菅自认是懂原子能的人，但他的视察其实是核灾至今无法收拾的最大元凶，时间上的损失非常大。因为释放蒸汽过慢，注入海水也因此延迟，一号机在开始排气后一个氢爆，冲破屋顶外壁。

自称核能专家又害排气延后而到现场视察的菅直人对核灾非常乐观，没有尽全力抢救，也没有列为第一优先，让国民都觉得这个指挥作战的总司令脑筋是否有问题。像在二十一日他也很高兴地说："核灾已见光明。"但不久后马上发现辐射污染了水、蔬菜、土壤等，而且现在几个炉的炉心因为担忧高浓度辐射物质外漏而不敢灌水，温度又开始升高。不仅核灾如此，救灾出动也落后许多天，即使各界不断批判，受灾者获得的支援仍非常落后，加上复兴财源也不透明、计划停电造成的不公平，愤怒之声四处可闻。菅直人原本还想第二次搭直升机去灾区视察，但风评实在太差，而且也有人在网络上放话，如果菅直人来要杀他，他才不敢前往，日本国民也都觉得应该早日让菅下台，才能解决问题。

根据国营的共同通讯社最新调查，近七成的人认为菅直人没有发挥领导力，有近六成的人不满他对核灾的处理，他本人是延误核灾处理元凶的消息在二十八日爆发后，今后民调中反对他的人必然更为增加。菅直人是市民运动出身，很会批判、反体制，但自己欠缺建立架构的能力，没有带动大组织的知识与经验，又把对于民间有影响力、基本动作很优秀的官僚排挤在外，结果什么都动不了，自己作秀的每个动作都耽误大局。

像这次临时住宅的建设比阪神大地震时还要延误迟缓，幸好是日本许多地方县市政府或未受灾的町村等，自动提供管辖区内的空屋给房子遭冲走或全毁的灾民居住，才算逐渐缓和灾民未来的居住问题。而菅直人本人被问到提供住宅问题时则表示："正由国土交通大臣在进行，快的话或许三月内可以开始发包。"好像是在说不相干的事，不管提供住宅的目标与蓝图，正像他被问到核灾时都说："等下由枝野来说明。"或是遇到核一厂周边居民的避难问题，他也说："这是原子力安全委员会管的，政府尊重专家的判断来对应。"始终全推给别人，让国民差点没昏倒。

曾经在二零零八年写过核电事故小说《北京》(*BEIJING*) 的真山仁造，四月十六日严厉地公开指责菅直人政权的各种判断错误，其实已经是犯罪程度。他的小说是描写日本工程师到中国指导建设的核电厂，遭遇完全停电，亦即全交流电源丧失，就跟这次福岛核灾一样，等于是精准的预言小说，小说的假设变成现实。真山认为菅内阁应该活用官僚的智慧，坚持政治主导的民主党，弱点因此暴露无遗。像经产省也有被借调到IAEA（国际原子能总署）的专家或是原子能委员会也有在IAEA当原子能部长的委员，此外专门处理核燃料再利用的青森六所村设施内也有许多IAEA的人员，并非没有人才；但菅直人并没有找这些专家来，因为他是大小事都想自己决定的人。而对策本部当然应该设在福岛，结果大臣只是去蜻蜓点水一下，没有离开过东京。

在野各党，
救灾表现也乏善可陈

自民党原本可以趁机表现，因为阪神大地震时当时的社会党首相村山富市对自卫队过敏，出动救灾的速度很慢，但联合执政的自民党比较有经验，在四周后就立法成立为期五年的"阪神·淡路复兴对策本部"，展开各种复旧、复兴活动。这个措施是模仿一九二三年关东大地震发生后，当时的总理后藤新平成立帝都复兴院，汇集

日本所有人才，并且重建东京，规划出符合时代需要的新都市。然而，这次迟迟看不出菅内阁想做什么，也不放弃无意义的儿童津贴等，预算没有着落。自民党应该出面提出让民主党不得不接受的复兴方案，但党魁谷垣自己也很怕复兴工作的考验，担心他的无能会暴露无遗。因为在地震之前，他放言："如果有大义名分，可以考虑大联合。"但被问到："还有比地震救灾复兴更大的大义名分吗？"谷垣却说："那要两党好好谈才行，像是外交看法不同等。"支吾其词，就是不愿下海参与救灾。

此外，公明党提议国会议员要减少岁费收入，但结果揭开来看，不过是"减三成、半年"而已，对于增加复兴财源根本是杯水车薪。在野党也都太败、太不中用了。

民间互助，
摆脱官僚自力更生

震灾、核灾之后最需要振作的是政治，但政治本身却最不景气。幸好日本社会不是泛政治的社会，媒体或国民也不愿意在此时提供舞台让政客们大搞没营养的斗争；政客们也很识相，当下还算比较集中精力参与救灾。只是政治无策，往下等着的是震灾、核灾的不景气，这次的灾害和经济损失都在阪神震灾的两倍以上，尤其核灾为日本国家信用带来的伤害无法估算，是一个损失的无底洞，到现在也还没填完，日本要期待景气复苏最少两年，最糟的是十几年或几十年都无法恢复灾前的经济地位了。

幸好日本企业不依赖政治，什么都自己来，像是自己派人送物

资去灾区，发电提供附近居民，商家或结为姊妹市等的结盟自治体彼此互助。复兴的动力已无法期待中央，中央集权或许不待改善而先行崩溃了，而景气也是由民间去点亮。民主党选举的口号是“摆脱官僚自力更生”，但民主党自己没做到，反而是民间、国民自己做到了。

震灾报道，好坏在哪里？

311 之后，
日本媒体平常逮住丑闻或错误
而大举抨击的做法突然消失，
第一线的记者也及时转换思考模式。
这或许是住在地震大国的日本人专长，
天灾的记忆已变成文化基因存于体内，
面临危机便能马上切换、发挥力量，
而做出让世界惊讶的认真报道。

三一一东日本大震灾及核灾发生后，日本媒体的报道引起国内的瞩目与讨论，对于日本媒体出现了各种评价。到底日本媒体好在哪里？坏又在哪里？国内大多肯定日本媒体如 NHK 报道平实、冷静，没有出现任何煽情的声调等，因此不会在如此巨大的天灾地变下制造大恐慌，让灾害降到最低，而且以抢救最多人命、复旧为最大前提。这点当然很重要，但这只能算是日本媒体此次报道的基本优点，更重要的优点则还有许多。

结合全国人心，
共感震灾体验

三一一之后，日本人重新认识了电视的重要性。在此之前，电视的存在是否必要

甚至令人怀疑，因为年轻人根本不看电视，只是在YouTube上看看今天成为话题的几个镜头而已，电视都是主妇和退休的年金族看的，结果节目内容也越来越迁就这些族群，和年轻人距离愈来愈远，陷入恶性循环。但在发生如此巨大的灾难时，电视就能通过镜头让所有人同时共感体验，在非常时期有把国民人心全部结合在一起的效果，平常逮住名人丑闻或些微错误而大举抨击的做法突然消失，在第一线的记者也都及时转换思考模式。这或许是住在地震大国，时时要面对海啸、水灾、台风等灾害的日本人的专长，天灾的记忆已经变成文化基因，存放在体内，因此面临危机便能马上切换、发挥力量，而做出让世界惊讶的认真报道。

事实上，也是最冷静的报道收视率最高。从十一日起的五天之间，NHK因为有国营电视的权威，加上人力、素质都不同，收视率高达百分之二十七，一直稳居高位；其次是富士电视，也是因为资深女主播安藤优子冷静的反应、评论，而获得民间台的最高收视率；读卖集团的NTV（日本电视）平均排名第二，但晚上十点以后的报道时段，则各台都不敌朝日电视古馆伊知郎的“报道站”，这是因为古馆主播让人觉得信赖、可靠。各类媒体都尽量不使用否定性字眼，此时短视的批判并不是社会所需要的。

发挥监督力量，
提供专业解说

日本各电视台这次也发挥很大的力量在监督核电事故，邀请与核电、核灾处理或辐射污染相关的医学专家等相继登场解说，并且从十一日上午起便直盯福岛核一厂，结果十二日一号机第一次氢爆的镜头，是由日本电视台独家先捕捉到，其后十四日下午三号机的氢爆也一样。因为丝毫都不放松，才能抢先等到这样的镜头，其他各台于是跟进，也让国民比日本政府更早获得最新消息，首相官邸据说是十二日氢爆一个小时后才接到东电报告。

日本媒体基本上对核灾监视非常严格，像是新潟的柏崎刈羽核电厂在二零零七年地震时有辐射污染的水漏到海里，为此媒体不断追究，直到二零零九年才能恢复运转，也因此监督政府把核电关于预防地震等的基准严格化。为此，一向提倡大量消费的大前研一在去年十二月才刚发言批判："日本核电运转率很低、不到百分之六十的原因，就是媒体对核电太神经过敏，为此而影响日本核电在海外的得标。原本日本核电技术在海外获得很高评价，但因为运转率偏低，而在海外抢核电生意抢输了，例如在沙乌地阿拉伯输给韩国，以及在越南输给俄国等！"大前对日本媒体有核能过敏症非常不满，但才几个月就证明日本媒体的监督是对的，甚至是不足的。但现在核灾无法收拾，设计原子炉出身的大前却又表示，他早就认为电器系统是弱点，至今他仍然认为只要那些部分做好，核电还是可行的。

关于这点，日本媒体最值得赞许的优点是培养许多专业人才，因此对于核灾等都能进行非常精辟的分析。记者的专业知识不是一天就能培养出来的，像这次台湾可以看到的 NHK 水野伦之（NHK 解说委员，相当于报社等的“论述委员”）就是所有记者、主播里表现最佳的。

水野从三月十一日起就非常及时、详细、精确地解说各种状况，比许多核能专家还要厉害，而他在具备专业知识的同时，也没有丧失国民大众的观点。核灾处理从二十三日起又开始恶化，水野在二十七日 NHK 节目中综合讨论日本今后应该怎么做时，对于整个救灾活动提出他认为最重要的事——政府应该尽全力解决核灾问题，并且要汇集所有力量及各方专家的智慧。水野其间曾经因为发言太坦率，而遭减少出现次数，后来各界反应，才又照常登场。

但核灾发生后，日本政府以及搞核电的人都还未将此视为首要之务，拒绝美国的援助，到二十六日才向法国求救。事实上，在十八日法国就要派机器人等来救助，但当时以为已经脱出失控状态，东电也加以拒绝。日本媒体一再批判日本政府不让外人介入的态度，认为应该集结所有力量来做才行。

专业知识是报道巨大灾难时最需要也最重要的，平时就要有如此人才，而且必要时知道要找什么样的专家来。日本每次发生事故，就有许多真正的专家登场，这些人可能一辈子，才被镁光灯照到一次而已，平常就是默默做专业研究，而且分工很细，这时就会让人惊讶，原来日本还有研究这种事的专家。专家或学者是最原始的宅男宅女，应该是最能忍受寂寞的一群人，万金油型的人只能上上太平时期的脱口秀，此时都在电视前消失了。

以全民观点为优先，积极反映灾情

日本媒体还有一个好处，就是在这种非常时期，是以全民观点为最优先考虑，不会畏惧权力，积极反映灾情。或许平时还会多方虑及自己所属的电视公司、报社的基本立场或是跟政治、广告客户等的关系，但此时则毫不对权力低头，就连国营的 NHK 也不把没有支持率的民主党放在眼里，非常积极地反映灾民心声，例如物资、人手不足或是对未来的期待。尤其是离福岛核一厂三十公里的南相马市因为有辐射污染问题，运输业者不愿把救援物资运到该村去，NHK 便连日播报该市市长的怒吼；加上该市有位中田先生把市长的 SOS 贴到网络上，在世界引起回响，各方支援涌到，才算解决该市市民变成核灾弃民的悲惨现状。

此外，日本媒体并没有马上引用许多外国羶色腥媒体的传言报道回销日本社会，像是某些辐射污染导致罹癌的夸张数字或是强调日本灾区出现性暴力、杀人事件等，反而会仔细求证才予以报道。像二十六日晚间 NHK 还特别报道，经警方确认及记者采访证实，并没有发生性暴力和杀人事件，纯属谣言，但的确有一些小型窃盗事件发生。由于大家很不安，灾区原本就会有谣言流传，加上灾区没有电，晚上黑暗，有性暴力等发生不足为奇，所以也还是呼吁年轻女性行动要多加小心。媒体本身没有变成谣言制造者，这虽然是很简单的原则，但要做到并不容易，尤其许多他国的媒体总爱引用最夸张、最离谱的内容来当成真实报道。

优点之外，
仍有问题可待检讨

然而，日本媒体也不是没有问题的，像是：

1．有些地方过度营造大家庭的温暖气氛，到了不自然的状态，让人忽视真相并不是那么单纯，四处都还有援救的死角等待各方伸出援手。但还好这种假惺惺的报道遭到唾弃，现在的报道则专注于基层的救援等。

2．在十四日、十五日，灾区还问题重重、急待援救时，电视或报社把报道重点放在停电造成关东、首都圈的混乱，让不堪的灾情被遗忘了二三天，这也是过度东京观点造成的结果，今后日本这类一极集中东京的情形或许要从东京本位的媒体先行改变。

3．关于辐射污染的许多浓度数值报道，日本媒体报道都要比美国CNN慢多了，这或许是日本媒体对于数值并没有照单全收。此外关于现在进行中的事态，日本政府不敢断言，日本媒体于是也跟着保留态度，不像美国媒体会很大胆地就说“现在还没渡过危机”等。从外国的角度看来，会觉得日本媒体的核灾报道是受统制的，但事实上并非如此，日本媒体是担心过度渲染报道数值，很容易造成社会恐慌，因此有些报道晚了好几拍，但其实也有可能让许多人不知情而受害。

核电安全神话崩溃了

福岛核灾的状况仍是现在进行式，
根本无法计算日本因此将付出的代价。
不要说日本等于在版图上
出现了一块无法接近的大禁区，
核灾所造成的经济损失，
单就财源面来说，
也将必须由未来的世代承担无误。

日本东北在三月十一日发生里氏九级的地震及海啸来袭，造成千年以来的大灾难，也引发了福岛核一厂四个原子炉的事故，而且在一个月之后升级为核电事故第七级，与切尔诺贝利事故同级，至今尚未脱离危机，放出的辐射尘、辐射污水等辐射量，虽然日本目前估计只有切尔诺贝利的一成多，但如果再出现临界或是长期持续放出污染，福岛核灾或将成为史上最恶的核灾，至少是空前未有的。这是过去几次人类大震灾未曾遭遇的现象，现代文明让灾情扩大成至少两倍、三倍甚至数倍以上。

福岛核灾影响的人口非常多，而且附近地区长期饱受辐射污染，未来或许真有十几万以上的福岛人永远无法回到自己的家乡；海洋污染程度也是创纪录，影响范围之广乃是史上前所未见。

核灾重建经费和时间，皆难以预期

福岛核灾的特点是有三个炉、四个燃料池都出问题，七只核子怪兽含有的辐射能远高于切尔诺贝利，都存在着高度危险，而且历经的时间已经超过一个多月，不像切尔诺贝利炉心一下就爆掉了。截至目前为止，东电的赔偿金额估计应有五十兆日元，也再度创下世界纪录。

日本至今称二次世界大战后为“战后”，但从二零一一年三月十一日起，日本的历史就进入“灾后时代”了，“灾后”将成为一个专有名词。阪神大震灾并没有真的改写日本历史，但这次不一样，因为这是有核灾再加上震灾、海啸的复合灾害。

日本震灾将造成什么样的经济影响？今后日本的经济政策应该为何？许多经济学者都表示，在不了解受灾全貌之前，是无法有具体蓝图的。如果只是不算核灾的震灾部分或许很多专家可以脱口说出是十八兆或二十五兆日元，但核灾的状况还是现在进行式，根本无法计算日本因此将付出的损失。不要说日本等于在版图上出现了一块无法接近的大禁区，核灾所造成的经济损失，单就财源面也将必须由未来的世代承担无误。

在四月十四日首次召集的“复兴构想会议”中，菅直人想把核灾先从复兴计划中排除再来思考，马上遭到该会抗议，认为这等于是对核灾灾民的严重打击与歧视。东电董事长胜俣恒久，因此被迫在四月十七日发表了一份如何收拾福岛核灾的短期工程表，指出至少还要六至九个月，才能安定下来，这是最乐观的看法，但如果没有这份工程表，则一切都无法讨论。

核电大国，
是政官商勾结下的产物

日本原本是全世界唯一挨过原子弹攻击的国家，国民对核能是有过敏症的，而且从一九四五年八月二次世界大战败战后，联合国全面禁止日本从事有关原子能的研究。但一九五二年四月旧金山和约生效，日本的原子能研究解禁，美国总统艾森豪威尔一九五三年在联合国演讲主张原子能的和平利用，日本国内气氛也为之一转，警察官僚出身的读卖新闻社社主正力松太郎对引进核电非常积极，还当上第一代科技厅长官，也因此被称为“原子能之父”。

日本第一座在一九六五年开始商业运转的东海核电，现在已停止运转，曾几何时，日本一下子就成为世界排名第二的核电大国，拥有十七座核电厂，五十四个原子炉，还在兴建中的有两个，计划兴建的有十二个，而且还打算出口到越南、土耳其等国。从开始商转四十五年后，空前的大事故发生了，土耳其等核电出口商谈也因福岛核灾而暂缓。

日本之所以从世界唯一被曝国变成核电大国，主要是自民党长年的推进。核电建设原本就很容易成为政官商勾结的产品，除此之外也有些军事侧面的考虑，许多长年参与的学者到最近都吐实表示：

“核电离真正的和平利用还很遥远。”最主要也是有些科学家帮忙建构了核电安全神话，经产省、电力公司、原子炉厂家、营造商、核能学者等，都是站在促进核电的立场，被称为“原子能村”。

像福岛核灾发生之后，出面告白自己悔恨的大阪大学名誉教授住田健二，曾任日本原子能安全委员会副会长、日本原子能学会会长，他承认，搞核电的人都自闭在一个核电社区，接受优渥研究资助的同时，来自产业界的压力也非常大。像阪神大地震后要为核电订定新的耐震基准指针，但因为电力公司及厂家的压力，新指针搞了十一年才订出来；核电产业界担心新指针一发布，许多炉都必须修建、补强等，会很花钱。此外，即使将地震因素考虑进来，也一切以保炉为重心，担心配管折毁等，关于海啸则根本没有多想，只有七十六个字轻描淡写过去。而且事实上，在新指针订定翌年的二零零七年，新潟越中地震发生，柏崎核电发生事故，变压器起火，辐射物质外泄，才逼使各电力公司在二零零八年真的依照新指针提高耐震基准，但各公司都认为核电厂原来就有充分耐震的余裕，仅做相当有限的补强。由于没有记取柏崎事故的教训，福岛核灾才会发生，会如此严重，可以说是人灾所致。

号称安全的核电，
从选择地点就不安全

核电是以绝对不可能出错、不能出错为前提而设计的，但这即使在实验室里都是不可能的，更何况核电厂其实是要摆放在大自然里、摆放在人间社会里。像是福岛核一厂一号炉马克一号的设计者

布里登博（Dale Bridenbaugh）便承认该炉是缺陷炉；许多曾经在核电现场工作的人也指出，即使设计完美，但核电厂其实并没有真的选在安全的地方建造，而且建厂、配管以及其后的运转、维修者都是以非专业人士居多——因为核电现场有被曝问题，即使熟练技师一年内能进到现场作业的时间也有限。由于是非专业人士，所以很容易被曝，也不知道自己一个疏忽或一个马虎将会酿成天大的灾难，层出不穷的许多大小事故都是如此引起的。

虽然核电都号称是绝对安全，但从选择地点开始就不安全。地质学上的考虑并非第一优先，而是把核电厂硬塞给贫穷而当地政客等又积极配合接受的地方。像日本静冈县御前崎市的滨冈核电因为是建造在东海地震的预想震源上，被认为最可能成为福岛核一厂第二，但在三月十五日晚间静冈发生里氏六级地震，也还是照常运转，让所有日本人都捏一把冷汗。这就是许多电力公司的本质，能不停止运转就尽量不停止，停止一次要花一亿日元以上，停一天要好几亿日元，因此四月东京就发生了示威游行，要求关闭滨冈核电站。

其实福岛核一厂也是盖在曾发生地震、海啸的地区——即使一九七一年运转时推出的宣传影片，是强调该厂建在没有地震、海啸的地方。不仅福岛或滨冈核电，日本是地震大国，许多核电厂都建在沿海，太平洋岸的核电厂都有这一类地理上的问题。

安全对应问题多，
暴露出核电的脆弱面

此外，据《朝日新闻》在四月十六日公布一份日本全国核电厂

调查名单，显示日本大部分的核电厂在安全对应上都有问题，这也是让福岛核灾扩大的原因，例如丧失外部电源时，紧急用的柴油发电机也同时失灵。像是四月七日宫城周边的余震导致停电，东北电力公司几处核电厂的紧急电源宣告失灵，幸好在福岛核一厂事故之后，各电厂都准备有电源车应急，不至于再酿成大祸。除了电源，海水帮浦也没有设在具有高防水性的地方。

福岛核灾四个炉的建物面目全非，也暴露了核电其实是非常脆弱的，除了原子炉本身还算坚固，其他每个部分都和普通厂房一样脆弱，随便浸水就全告失灵。日本经产省原子力安全保安院四月十六日因此指示所有原子炉都必须接续复数的送电线路。

但核电的弱点还不只是电源的问题，像福岛核一厂四号机燃料池的火灾更突显了这一点。原来毒性不输给燃料棒的使用过含铈燃料，居然就随便放在原子炉上面的池子里。由于要等冷却数年后才能移走，而这座燃料池和外界竟然只有一层水泥墙相隔，好像普通的游泳池般，毫无安全性可言。

核电最恐怖的问题还是因为核电产业化，为了省钱，对于许多现场的安全问题视而不见，出事之后也以经济为最优先考量。像是福岛核灾之所以扩大，就是因为菅直人各种判断失误，而且听任东电决定，而东电当然以保炉、运转等经济利益为最优先，错过各种抢救黄金时间、对策或外国救援。

此外，主管核电的人不管是哪个单位或东电人员，在福岛核灾发生之后，说过四五十次的“想定外”，亦即凡事都在意料之外，这样的核电会绝对安全吗？不仅如此，四月十六日也发现日本原子能委员会在核灾发生后至今一个多月，都没有派遣该会的专家前往福岛核一厂视察，也没有召集四十五名委员来开大会，充分暴露了管理核电安全者的真面目。他们领有超高薪资（每名委员每月的报酬是九十三万余日元），依法应该要去视察，居然至今不敢接近，未依法履行核电防灾计划。

核电成本低，
只是未把剧毒、肮脏算进去

因为福岛核灾，核电安全神话彻底崩溃了，就像过去许多人说：“如果核电真的那么安全，那就盖在东京呀，为何要盖在偏远地区！”大部分日本国民或许多有识之士，都希望即使花费几十年或百年，也要朝没有核电的新生活迈进。

许多核电推进派强调核电是很便宜、很干净的，事实上并未把处理善后的成本计算在内。即使没有发生大事故，人类也尚未找到处理核废料的方法，而核废料是非常危险的，原本就有“脏炸弹”之称，如果发生事故，像切尔诺贝利因为连炉心都爆炸，辐射污染很严重，至今距离三十公里圈边缘上，都还能测到四百五十毫西弗的辐射。当初那座核电厂有五万名员工，现在还有三千九百人在维持冷却、隔绝作业，二十五年前做的石棺已经老朽，必须要重做，估计还要照顾五六十年，近乎是一个世纪的善后工作，福岛核灾也估计需要五六十年才能平息。所以对核电成本的估计，不是少一倍、两倍，而是少一两个位数，亦即后面少了一两个零，大有问题，剧毒、肮脏只是看不到而已。日本的火力发电已经发展到较高效率以及能高明地过滤污染，如果跟中国等多多合作，也能对世界有所贡献。

长年推行减碳的前东京大学校长，现任三菱总合研究所理事长小宫山宏主张，因为电器越来越有效率，现代人应该采用二十一世纪的快适省电法，如 LED、太阳能板等，反过来认为人类用电量总是会不断增加，是二十世纪的老旧想法。如果知道总消费电量能大幅减少，则问题就简单多了，即使核电安全神话崩溃，也不需要恐慌，人类可以努力的方向还有非常多！

核电事故到底隐藏了什么？

菅直人强调政治领导，

这次核灾始终不让官僚插手，

全听东京电力的说法。

而不仅东电想保住原子炉，

连菅直人也不以国民和环境安全为优先，

支持保炉，因此一误再误，

连续错过抢救的黄金期。

从二零一一年三月十一日起，全世界都为了福岛核一厂六个原子炉的动静而心惊胆跳，每天为此守在电视机前，但直到二十二日（维也纳为二十一日），IAEA（International Atomic Energy Agency）署长天野之弥表示："日本核安危机将可以有效克服，但危机尚未全然离去，状况依然十分严重。"并指出至今日本政府提供给IAEA的信息不足，是他在两天前自己直奔日本，当面要求首相菅直人迅速提供相关信息，而IAEA其实也不相信日本发表的数字，开始自行独家调查。虽然到了二十二日，美国核能管制委员会（NRC）对于核电灾难的控制，认为只要恢复通电就不错了，但也依然对含铈的燃料池暴露在外表示质疑。日本关于核电的信用，因为从第一天开始菅直人和东电就没说真话，也没有第一优先处理核电事故，拖到东电已经完全无计可施了，到十五日才成立对策本部，因而宣告破产。到底菅内阁和东京电力隐藏了什么？

政府拒绝外援，
动摇国民和国际信赖

即使美国国防部已在十八日宣布派遣专事管理核灾、辐射受害的四百五十人部队，但日本一直不愿意让美国参与救灾，所以到了二十一日，美国太平洋军区司令官魏拉德（Robert Willard）还亲自前来日本，表示四百五十人专家正在待机中，要怎么做全凭日本政府的判断。好几天过去，日本还是没打算让美国专家大举插手管理，美国核能航空母舰在二十一日下午驶离配属的神奈川县美国海军横须贺基地，也是为了退避福岛核一厂的核灾。

不仅美国或IAEA不相信日本，天野之弥也表示联合国秘书长潘基文还打电话到他的住处，法国前总统萨科齐也托人带话，想向他询问日本核灾真相。世人不相信日本政府，简直宛如二次世界大战的景况，日本在战后建立的国际信赖感，形同全毁。

国际组织或盟邦友好国和日本国民，同样也不相信菅内阁的发言。尤其是十二日福岛核一厂一号机发生爆炸后，全世界都从电视机前看到这骇人的镜头，几乎不敢相信自己的眼睛，菅直人却等了五小时才召开记者会，也没有直接说明，只是像在演戏般眼眶含泪地吐诉感伤的字眼，未接受记者质询，说明也交给外行的官房长官

枝野幸男负责，这五小时之间，日本国内及国际已经动摇了对于日本及菅内阁的信赖。福岛核一厂的事故从十一日地震之后，美国非常重视，当天就表示要由美军提供冷却水，但菅内阁及东电故作镇静，事实上也未尽最大努力来处理，只想拼命掩饰。美国也表示要提供冷却原子炉技术，菅内阁仍加以拒绝，民主党高干在十七日才对外透露这个消息。

只顾作秀和保炉，
酿成世纪大灾难

菅直人强调政治领导，所以这次核灾，直到自己搞不定了都不让官僚插手。但他根本只想作秀，利用震灾让内阁延命，自己是东京工业大学毕业，便自鸣得意地说："我可是很懂核能的。"事实上什么都不懂，全听东电的说法。而且他想掩饰、隐藏的最主要原因是，不仅东电想保住几个原子炉，连菅直人也站在东电的立场想保炉，因此一误再误，连续错过抢救的黄金期。像是三号机，因为比一二号新多了，东电日后想再使用，十三日还先注入纯水、硼酸，因此十四日发生最严重的大爆炸，冒出浓厚黑烟；到了二十一日夜晚，三号机还在冒黑烟，东电只表示原因不明，为何是黑烟也没解释。

东电想保住原子炉的想法可以理解。虽然东电其实也是战后创设的半公社型公司，但一个原子炉造价最少三千亿日元，发电成本中还有二至三成要拿来当地方乡镇的对策费，亦即津贴地方。而且现在要盖一座原子炉都会遭到反对，不是那么容易的，东电才会已经看到棺材还不掉泪，还想保炉，因而酿成世纪大灾难。虽然东电

董事长胜俣恒久在三十日表示，东电从一开始对于注入海水都不曾踌躇，但是他到了这个时候还想要保五号、六号炉，让人无法相信东电初时不是想保炉。

一家企业如此想还好，没想到连首相菅直人也支持东电保炉，完全不以国民和环境的安全为优先考虑。事实上从十一日起，美国就要日本废炉，但东电还期待冷却机有可能恢复机能，一直没有接受。甚至到了二十一日，四个炉都已经爆破或炉心熔毁，早已不成形而对外放出高辐射能，甚至威胁到东京及近邻国家了，还传出东电妄想今后要继续使用，大遭批判，枝野才宣布今后福岛核一厂不会恢复使用了。然而东电老板清水正孝一直对废炉废厂无法接受，不肯出面道歉和宣布此事，直到三十日他因病入院，董事长胜俣恒久才出面正式表示要废一至四号炉。

东电明明已无力收拾核灾，但一直等到二十六日才向法国求救，法国于是派了两名处理污染水和分解原子炉的专家，并计划出动不怕高浓度辐射污染的机器人协助。东电所以求助法国，是因为他们跟世界第一核电大国的法国购买 MOX 燃料，也算是一种售后服务。法国政府马上表示，有外国专家加入或许事情会明朗化一些。

核电习于黑箱作业，
危机四处潜伏

日本菅内阁和东电在核灾发生之后，是在国内外受压才逐步公布许多数值及受损状况，而其中一个原因是：福岛核一厂其实在二零零七年就已经出过各种纰漏，像是送电管线破损漏电、排出辐射

性物质入海、停止警报等有问题。而且东电是整个公司组织性地篡改数据来掩饰非法，尤其一号机是四十年的老炉了，其他几座炉也都三十几年了。此外，二零零七年三月甚至有资料揭发，一九七八年福岛核一厂发生过减速棒脱落而可能早就导致核反应的临界事故，却一直被掩藏起来，没有对外公布。东电的安全意识非常低，因此从二零零七年起，福岛县便已要求东电停止使用福岛核一厂，尤其是几座老炉。原本福岛核一厂还要兴建更大规模的七号、八号机，七号机打算在两年之后开始运转，早就准备动工了，看来也只好喊停，不过东电还没有死心。

美国虽然一再要求日本废炉，但世界上搞核电的人也同样都有黑箱作业的习惯。美国也不例外，像NRC就在二十一日还正式批准佛蒙特州和福岛核一厂同款的沸腾型原子炉马克一号再延长使用二十年。马克一号是从一九七二年开始发电，至今也四十年了，其实是废炉也不足为奇的老炉，但NRC（Nuclear Research Council）对美国自己的原子炉却非常宽大。

此外，日本政府或东电这次最不想让IAEA或美国等介入的原因，也是因为日本想保存核废料，建立青森六所核废料工厂。这虽然有核燃料再生利用的大义名分，事实上也因此让日本拥有作为核弹原料的铈，维持转用制造核武的可能性。这次国际上尤其注意三号炉所用的MOX燃料，亦即氧化铈和氧化铀混合物，而铈比起铀而言，若吸入体内将是严重数千倍的剧毒，半减期是两万四千年。四号机则是用过的核废料池发生火灾，即使是铀燃料烧过后也含有铈，但四号机至今却一直暴露在外，令人担心不知道散布了多少毒，只能祈祷现在放海水真能冷却。二十二日宣布的三炉一池温度都在一百度以下，而到四月下旬，温度靠灌水维持在六十至九十度之间，但也还不时上升。最令人忧虑的是四号炉的燃料池在四月二十七日确认有相当裂痕，恐怕无法负担持续灌入大量的水。现在包括IAEA或美国等也都各自在调查或许日方数字还算可信吧！

日本还有多少危炉？

福岛核灾让人们发现，
核电厂发放出的火是无法轻易熄灭的，
而且全球依然没有处理核废料的技术，
今后也很难指望会有，
核电正常运作起来都有很多问题，
其他原本就有问题的原子炉更令人心惊。

日本福岛核灾发生，至今尚未脱离危机状态，让全世界都无法松一口气，现在日本国民皆闻核色变，“反核电”、“脱核电”之声四起，尤其是著名作家如养老孟司，让核电促进派非常焦虑，担心不要核电的舆论声调升高，拼命强调电力不够用，所以需要轮流停电，但其实是足够的。此外，核电促进派也表示这次是地震海啸的天灾所带来的核灾，核电还是安全的，但日本现在除了福岛核一厂，其他被认为是危炉的也不少，这些建在断层上、断层附近或震源上的核电厂，一不小心或是再遇个大小天灾，都会再次酿成无法挽回的大灾难。当初建厂盖炉时，都故意隐藏或不提这些地层调查结果，事实上也有些原子炉仍有许多问题尚未解决，没有引发大事故算是很幸运的。但现在，谁也不相信核电是绝对安全的，因此看待这些危炉的眼光越来越严厉。

福岛核一厂发生灾变之后，让人发现核电厂发放出来的火是人类无法轻易熄灭的，普通正常烧过的原子炉燃料，也要摆两年才能降成七十度，五年后才可能搬运，而且到现在全世界依然没有处理核废料的技术，今后也很难指望会有，正常运作起来都有很多问题，其他原本就有问题的原子炉更令人心惊。

古老炉、缺陷炉

第一类的危炉，是古老炉、缺陷炉。像是福岛核一厂一号机所使用的“马克一号”是从一九七零年开始使用，已经四十一年，虽然原子炉的耐用年限不明，但以普通机械而言也算是非常老了。二号炉也很老，是一九七三年启用，而且当时生产原子炉的通用电气（GE）因为订单很多，加上日方也希望能比较经济地造炉，二号炉虽然出力密度大幅升高，围阻体却比较薄，因此从四月二日开始受瞩目，超标一亿倍高辐射污水流出的问题，很可能就是二号机的围阻体或加压容器破损，其他几个炉则没有这种问题，这也跟造炉当时想省钱不无关系。

福岛一号炉到五号炉都是使用美国通用电气（GE）的马克一号，设计者布里登博早已承认此型原子炉是缺陷炉，除了围阻体强度有问题，也有许多弱点，像是围阻体内部构造过度复杂，不管是配管或压力控制池都在其中，而且围阻体非常小，只有马克二号或三号的六成大，维修困难，管线龟裂、零件腐蚀等问题多多。他早在一九七六年就要求 GE 停止让马克一号运作，当时日本有三座，美国有十六座，德国等有十几座，但 GE 认为这样等于承认马克一号错误，会影响以后的生意，因此明知危险也还继续运作，他便愤然辞职。结果 GE 向全世界卖了三十几座这种有缺陷的马克一号，美国现在也还有二十四座。老炉本身非常危险，因此福岛核灾发生后，日本律师公会的日辩连发表声明要求："日本是不可能再搞核电了，应该停止增设核电厂；关于既存的核电厂，则要衡量电力供需，从高危险性的老炉开始废炉。"真的是为日本人代为辩护了。现在比福岛核一厂一号炉还老，而且仍在运作的，还有敦贺核电一号炉（一九七零年三月开始运转）和美滨核电一号炉（一九七零年十一月开始运转），其他和一号炉同时开始运转的原子炉也很多，都让人捏把冷汗。

盖在断层或震源上的危炉

第二种危炉，是盖在断层上、断层附近或板块型地震震源上的危炉。像这次地震发生就引起了核灾，因此自然条件非常重要。福岛核灾之后，遭到抗议、要求停止运作最多的是北海道积丹半岛的泊核电厂，东海大学教授渡边满久进行地质调查及海上音波调查，发现该核电厂周边海底有新的活断层，无法保证该厂的耐震性。渡边指出，北海道电力公司虽然调查得知该核电厂周边有活断层，但并未掌握数量和长度，却在二零零九年发表泊核电耐震安全无虞，其实是忽视了活断层问题。

此外，日本最受关注的是东京湾到名古屋南边的板块型地震——东海地震，这是地震研究中最核心的部分，长期研究所预测的是会发生一个直径一百公里左右的大椭圆形震源影响范围，而静冈的滨冈核电厂就位于这个震源的核心。要盖滨冈核电厂之前，就已经知道滨冈地形上的危险性，而且要是真的地震来袭，至少会是里氏八级左右的强震；但至今搞核电的人都对克服地震过度自信，很铁齿地要盖在危险地带，只是现在大家就不这么想了。而且滨冈虽然有两座跟福岛一号机同期的原子炉终止运转，但现在也还有三座炉，让人担心会重现福岛核灾场面。

高速衍生炉

第三种危炉，是日本特有的使用所谓再生核燃料的高速衍生炉。这种燃料还没用之前就含有剧毒的钸，像是事故不断的福井县敦贺半岛“文殊炉”，在福岛核灾发生后，许多专家都说：“现在比福岛更危险的是文殊！”

高速衍生炉不是用水，而是用钠来冷却，但文殊在一九九五年发生过液体钠外漏事故，由于钠是易燃的高危险物质，让各界大为惊讶，为此文殊也停止运转了十三年。直到二零零九年，有些主政者担心日本的高速衍生炉因此绝灭，突然又在二零一零年五月开始实验运转，原本打算在二零一三年全面运转，但二零一零年八月二十六日在炉内作业中，用来交换燃料的装置约三点三吨掉到炉心去，不可能吊起来回收，完全不知如何是好，由于炉心下面是充满易燃钠的大水箱，看来文殊只好废炉。可是废炉并非易事，现在也只好继续运转，非常危险，何时会爆出大事故也不可知，因为原子炉都无法从外观得知里面发生什么状况；而且原本不能出任何差错的原子炉，居然在大型装置吊上吊下时没有双重或三重防范滑落设施，比想象中要粗糙多了。高速衍生炉其实连商业价值也没有，只是日本搞核电的人的幻想，但以再生钸为原料，恐怖度高无可比。

福岛核灾的污染有多严重？

辐射污染非常厉害，

无形无色无臭无味，

却能让良田变废土，甘泉变毒水，让鱼藻都无法入口。

而有管能力的人都躲得远远的，

在安全地带发言，结果现场凄惨，

许多污理染情报并未周知共享。

日本福岛核灾自二零一一年三月十一日到四月下旬，虽然三月十八日一度稍有脱离失控的迹象，但马上又出现许多状况，而且常会迸出让人心惊胆跳的污染数值，核灾污染人体、水源、土壤、海洋的情况均日益严重，让人束手无策。辐射污染非常厉害，无形无色无臭无味，却能让良田变废土，甘泉变毒水，让鱼藻都无法入口，没有一天能掉以轻心；甚至连距离福岛二百五十公里的东京，每天也要看公布的辐射值度日。

呈现在眼前的对策，都是非常原始、幼稚的，像是用水桶浇水或是用沙袋来挡住一千毫西弗以上的超高辐射污染水流入海里。现场更是死亡地狱，日本媒体曾经报道到现场作业的临时工喊价到一天四十万日元，但一天顶多能作业一小时，等于时薪四十万日元也没人想去。但后来许多现场的员工对这个说法很生气，因为一个炉收拾残局需要花五十年，谁能出这么多钱？报道未免太夸张了；原本核电现场就都是往下好几层的承包业者请临时工在作业，只有临时工对现场比正式社员还熟悉，虽然许多临时工是因为核电现场待遇好，而接下这份工作卖命被曝，但也有人正因为自己熟悉真相，而燃生终结核灾的使命感。

另一方面，也有人抱定必死决心，不问代价留在现场，但是这几百人也已经达到疲倦、被辐射污染到近乎极限的程度。而且因为所有人集中在能回避辐射的免震栋里休息，担心开门会有辐射线或物质进入，所以能搬运进去的食物、寝具都很有限，吃、睡都无法获得基本满足。

核电原来是假定不会出事、安全的、精准的，但明明又是在大自然里，是人为控制的，是在人生活的土地及依赖的海洋边建立的，这些都不是核电厂人员有能力全面理解的。核灾早已超乎搞核电的人的预算，而且出事了才让人恍然大悟，原来核电是如此低科技，结果只好放任高辐射水、高辐射物质四处飞散，甚至连剧毒的钸都被测到了，到底福岛核灾污染的真相为何？

高辐射污染水漏出，
防堵工作困难

每天记者会都有惊人数字出现，辐射值一下就超标十万倍，甚至一度还传出一千万倍，像三月二十九日传出二号机靠海的地下水

沟有高达一千毫西弗以上的污染水六千吨，其他几个炉也有这种高污染水，而且都满到接近地面，却还来不及抽，所以不敢继续灌水冷却，结果每个炉的炉心温度又开始上升，一号机就又相当危急。之所以说"一千毫西弗以上"，究竟以上到什么程度并不知道，是因为已经超出测定能力了。

台湾在四月二日也开始测到福岛核灾飘来的辐射尘了，当然还是很低的数值，但连西藏乃至芬兰、俄国等整个北半球，都被笼罩在福岛核一厂的辐射污染波及圈内，四月十日南韩首尔等地下雨，还有两百多个幼儿园、小学等为了担心辐射污染而停课。另一方面，该厂二号炉取水口附近的竖井有漏，不断排放超标一亿倍的高浓度辐射水入海，但二日用水泥补漏无效，三日改用高分子化学材料补漏也无效，后来发现抓漏不对，改用液体玻璃才算止住。但或许这些高辐射污水已经从别处入海了，水是最会自己找出口的，放水口附近辐射值超标也一直很难真正改善，相关人员正在尽力处理这些污水，以防堵其入海，想引导到几个储存槽里以及人工浮岛等。

原本地下水沟不可能有直接从炉心出来的水，但现在原子炉及水管接头都有损伤、漏洞，等于冷却燃料棒的水都四处外溢到失去管理的地带；一号机的地下水沟都快满了，因此不能冷却，原本觉得规模最小最容易控制的一号机，转眼又失控了。现在要把高污染水抽进储存槽，但周遭都是高污染状态，抓漏、接管、配电等作业非常困难。

直到四月上旬，辐射污染的数值每天都在升高，初时听到超标数倍、数十倍都很惊讶，但现在动辄成千上万，甚至一度出现千万倍、亿倍，但东电或核安单位却经常表示"原因不明"或"超出想定"，等于在说:“我们就是没办法了。”

而最恐怖的是，主管核电的经产省副大臣池田元久，二十八日在国会里被问到核灾什么时候可以收拾妥当时，居然回答:“只有神才知道！”主管大臣或东电副社长也在二十六日表示“对于何时能收拾毫无概念”，大家都举白旗投降。

厂内土地测出钸，剧毒让人胆战心惊

三月二十八日，更是从厂内五处土地测到钸，现在全世界最担心的是该厂采用的含钸MOX燃料或是四号炉暴露在外的用过燃料会含钸。三号炉的MOX燃料因为含钸，熔点比普通燃料低二十至四十度，很容易炉心熔毁，MOX燃料控制在三分之一以下，主要就是因为很棘手、难管理。

钸是剧毒，毒性半减期要两万四千年，是近乎永久不灭的妖怪，原本几乎是自然界不存在，而是原子炉里制造出来的。由于钸是有指纹的，亦即是哪个年代、事故飞散出来的均可以辨识，虽然二十八日公布所测到的钸，只有两处是这次福岛核灾散布出来的钸，其他三处则是一九五零、六零年代核子试爆最旺盛的时期飞散到世界各地的，数字都很微量，但谁也无法保证冷却三号炉的“洗炉水”溢满到地下沟里的几千吨高污染水中没有含钸。二号炉原本没有钸，但铀素吸收中子也会转换成钸，而二号炉确实有破裂，因此也很可能早已有钸在二三号炉外的地下水沟里。

东电一直到四月十六日终于放弃在核岛内修复原来的循环冷却

系统，而去订做外接的循环冷却系统。核岛内辐射过高，谁都无法进入建筑物，这是从三一一起就知道的，但东电拖了一个多月才去订做外接循环冷却系统。

东电董事长胜俣恒久在四月十七日发表了一份如何收拾福岛核灾的短期工程表，指出至少还要六至九个月，才能安定下来，亦即防止再度爆炸或放出高污染辐射线，以及处理现有的高辐射冷却水。但这是最乐观的看法，还有专家认为再度出现临界的危机，其实并没有真正解除。

辐射物质四处飘散，
食物居处皆受污染

核灾污染不仅发生在厂内或附近海洋，辐射物质还四处飘散，让福岛、茨城等县的蔬菜都遭污染，甚至连东京、千叶、埼玉等净水厂也受害。虽然官房长官枝野说："现在不会马上出现问题，但希望这些地区的蔬菜不要出货。"许多农家都大骂，这句话是日文吗？符合逻辑吗？而普通市民会觉得强调当下安全，其实反过来说就是将来并不负责。

到四月中旬，虽然日本政府已将部分地区的蔬菜加以解禁，枝野也出面表演吃菠菜等，日本人还是不大敢买福岛等地生产的蔬果。农业、渔业等跟健康安全最相关，因辐射污染遭到致命打击。

千叶县铫子港的渔民在震灾后首次于二十八日出海捕鱼，但现在连在一百五十公里外的千叶鱼货也必须经过严密检查，否则很难食用。而且即使解禁或是检查没问题，东京筑地市场也曾经不肯接受，因为在东京的水解禁后，千叶的水又是更晚才解禁。

核灾对渔业的打击其实是预料中事，最决定性的关键是四月四日在距离福岛核一厂七十公里的北茨城平潟渔协抽检的小鱼玉筋鱼，每公斤含有四千零八十贝克勒尔人工放射性碘131。因为小鱼是吃海藻的，受辐射污染会最早出现，而大鱼要等到吃小鱼之后才会呈现污染结果，从那以后日本人也不大敢吃茨城、福岛等这一带太平洋岸的鱼货，甚至连宫城、千叶的鱼也让许多消费者敬而远之。虽然到了四月十五日北茨城等有九条渔船去抓鱼，送检结果几乎已经不含铯或碘了，但这类食品安全关系的风评，一旦形成，大致也要四五年才能恢复，而事实上福岛核一厂现在也每天还在放出辐射尘、辐射污水，要拂拭消费者的恐惧并不容易。

在原子弹爆炸认定诉讼里，曾经为体内被曝而证言的琉球大学名誉教授矢崎克马表示："东京自来水验出有辐射物质，表示东京都内早有放射尘埃了，即使没喝自来水，也会吸进空气中的辐射物质，在体内被曝（备注：人体遭辐射污染，除了人体外部遭辐射线源曝照外，还会因吃喝及呼吸而把辐射物质吸入体内，让体内细胞遭曝照）！"即使日本政府强调，许多辐射污染都很微量，持续喝一年或吃一年也没问题，但体内的确遭到了污染。放出的许多辐射物质都是原本自然界不存在的玩意儿，如铯137等，三月二十一日甚至在茨城县的日立市测到一万三千贝克勒尔——切尔诺贝利事件时是三万七千贝克勒尔，日立市已经达到三分之一，相当严重，而且恶化的可能性尚未消失。铯的半减期是三十年，如果再继续累积下去，这些地区将会累积比切尔诺贝利更浓的铯。

日本政府的说法是："即使被曝，也是安全的。"但世界上哪有安全的被曝，而且即使这些辐射污染数值在容许范围内，但现在核灾根本是尚未收拾的状态，还会有多少辐射线漏出来根本无法得知。至少现在需要避难的方圆三十公里或甚至八十公里之内，许多土地都遭到了污染，严重的话，需要把土地全部挖掉，从地面三十厘米以下的土都得丢掉，而去拿其他安全的山土来填，这将是多大的工程。但即使如此，在这样的土地生产出来的蔬果、牛奶等是否能吃，或是否有人敢吃，都有问题，而不适合蔬菜等生长的地方，会适合人居住吗？当初发生切尔诺贝利核灾时，苏联也是一直说："对人体没有影响。"事实上当然有影响，会蓄积在体内，几年或几十年后或许致癌，或许得白血病，这笔账要找谁算！

有位十四岁初二的少女偶像藤波心，三月二十三日在她的博客以"我觉悟会遭非难"为题，批判了媒体争相报道蔬菜等安全没问题的说法，她写道："虽说是微量，但一直吸这些空气中的辐射物质；虽说是微量，一直吃这些遭污染的蔬菜；虽说是微量，但一直饮用遭污染的水，到底会有多少影响，即使连我这初二的笨蛋都懂，实际上是很严重的，媒体怎可轻易报道没问题，到底在说些什么？"

藤波的说法，马上获得作家高桥源一郎及学者内田树赞赏，认为她最为坦白道出真相，每样东西遭到的辐射污染都是微量，但人生活中要吃喝的量非常多，累计起来很可观。

当然被曝最为严重的是在厂内作业的人员，按理应该要先采取干细胞保存，以防遭到超高浓度污染时，要比使用别人的造血干细胞来得风险低一点，这也是欧美血液学者的基本动作，日本政府却不做，只想用高报酬来招募敢死队。而且有管理能力的人都躲得远远的，在安全地带发言，结果现场非常凄惨，许多污染情报并未周知共享，才会有三人遭受污染。

核灾处理好的时候是前进两步退一步，但到了三月二十六日几乎只退不进，只好向法国求救，因为日本 MOX 燃料都是跟法国买的，算是一种售后服务。法国也是世界最依赖核电的国家，派来处理污染水及分解原子炉专家，因此能让人稍微相信核电是高科技玩意儿或高科技可以收拾残局的玩意儿。也希望四月十七日公布的收拾残局短期工程表能顺利进行，才不会让污染继续扩散。

“没有核安这回事！”

许多曾在核电现场工作的人都表示，
即使没有地震，核电厂发生重大核灾也不足为奇，
因为第一线都是出卖生命的外行人，
而且厂内的耐震设计都很随便，
不是千年大震也会出事。

福岛核灾在二零一一年四月十一日满月，而在十二日此一核灾的等级也被上调为国际核灾分级的第七级，与切尔诺贝利核灾同级。然而福岛核灾还没脱出危机，即使当时日本政府仅承认放出切尔诺贝利辐射线的百分之十，但事实上福岛核电厂仍持续在放出辐射尘、辐射水，那时还有出现临界的可能性。除了已经有六万吨超高污染水，三个炉的炉心熔毁，为了冷却又每天制造大量超高污染的洗炉水，已经成了人类史上空前棘手的大量辐射污水。

原本说核电是绝对安全的，为何会是这种结果？许多曾在核电现场工作过的人都表示，即使没有地震，福岛核一厂或其他哪个核电厂若发生重大核灾也不足为奇，因为核电厂第一线都是出卖生命的外行人，而且厂内的耐震设计都很随便，不是千年大震

也会出事的。

福岛核灾爆发后，在日本网络上有一份非常轰动的内部告发报告——“希望你知道核电到底是什么样的东西”（www.iam-t.jp/HIRAI/pageall.html），副题是“我并非反核运动家”，执笔人是平井宪夫。平井的确不是什么运动家，他是国家认定的一级厂房配管技师，自从一九七七年转到日立制作所集团的吉田熔接工业后，就在东京电力福岛核一厂、福岛核二厂，以及中部电力的滨冈核电、日本原电敦贺核电和东海核电等核电厂参与沸腾水型核电的建设、定期检查相关配管工程的监工。他本人在一九九七年已因癌症过世，因此当初网络上还传出那是别人冒名写的，但其实那是他生前的演讲稿，经市民团体整理出来而刊登在一九九五年出版的《地震与核电》一书中；一九九六年又将平井的部分拔萃出版《平井的话》，网络新闻“JnaJan”则获得该团体同意刊登，现在成为了解核电本质的经典。

由非专业人士取代职人，运转质量难保证

虽然从平井演讲到福岛核灾发生已有相当岁月，他在当年就已经非常担心地震会引发大规模核灾，也等于早就预测了福岛核一厂事故的发生。平井早就指出，“政府和电力公司，虽然强调核电是虑及耐震而设计、建设在坚固的岩盘上，所以是安全的，但这只是台面上的说法。不管核电本身或建设现场本身，从作业员工到检查人员全是外行人，这是现实，因此核电、新干线或高速公路发生大事故，

并非不可思议的事。”

平井虽然表示，许多国家建造核电和火力发电厂时，他都曾去技术指导，跟世界任何地方的核电相比，没有比日本核电设计更优秀的了，但这只是设计阶段，在施工、建造阶段就走样了。原因之一是现场以前有称为“棒心”的职人当班长，职人对自己的工作有其自尊，发生事故和偷工减料是很可耻的事；但从一九八五年左右起，已经没有什么职人，只好不拘经验募集非专业人士，而非专业人士不知道事故的恐怖，其中也有人不当施工或偷工减料，这些人在完全不知情下进行作业，就是当前核电的实际状况。这类非专业人士失误，包括像一九九二年福岛核二厂四号炉定期检查时，曾在原子炉里发现有长五十厘米折断的电线，电线虽小，却可能伤到燃料棒，在现场只要搞错一步就可能酿成连世界都卷进来的大事故，而现场作业员虽然知道电线掉了，却全然没有体认到可能酿成大祸。

核电厂里有如网目般的几十万根配管，这是危险之至的玩意儿，这些配管宛如人体的血管，只要有一根断裂，就可能导致核电全体的大事故。平井指出最危险的是一九七零年代到八零年代前半建设的二十六座核电厂，因为支撑配管的各种金属配件并不像现在是建厂时埋设其中，而只是用水泥墙专用螺丝钉在墙上，虽说是配管，但短的有五米、长的也需要三人才搬得动，有的直径一米。这些配管在原子炉运转时都不断振动，所以原本支撑配管的金属配件便摇摇晃晃，下垂到配管上，这些地方在大地震直击时，根本撑不住很重的配管而会损坏。

平井更指出，配管为了降低成本，半数以上都是在工厂组装，但到现场就会出现误差，而非专业人士则勉强把误差硬拉长熔接在一起，原本配管在运转状态就会发热而伸长，并为此预留有调整的地方，但最初组装时，非专业人士早已硬把预留的误差部分拉开不见了。胡乱配管会导致事故，也耐不住地震复杂的摇晃。

各种业务层层外包，
不够严谨专业

这次福岛核一厂的原子炉附有控制出力的再循环泵，这个泵据平井形容是人的心脏，却没有固定在地上，而是悬挂着，经不起地震上下左右摇动。福岛核二厂三号炉一九八九年曾因循环泵损坏而停止运转，事故原因便是胡乱配管，当时平井曾以要求停止恢复运转的原告证人身份，表示："再循环泵的管芯没有固定好，因振动而发生事故。"平井指出，配管必会出现误差，虽然乍看特别制作的配管或成品的配管都跟设计图一样没错，却必然不合，他想了一晚终于知道，像是高速衍生炉"文殊"其实是日立、东芝、三菱、富士电机等几个厂家拼装起来的，每家公司的设计基准不同，虽然可能只差零点五厘米，但这样的地方可能有一百个，非常严重。

平井还指出，核电的设计也随便到很严重的程度："阪神大地震后，政府搞新闻广告，表示核电不会建造在活断层上，而是坚固的岩盘上，宣传核电不会坏；但像是滨冈核电二号机建设时，我曾目睹，所以很清楚——其实就是从地面往下挖三十米左右，虽有岩石也有土，在那里灌入碎石、水泥算是基础，而并非建在坚固的岩盘上。"

日本为了防范核电事故于未然，每年有一次定期检查，发现有不对劲就马上修理，但这些作业也都是非专业人士进行，定检力定被曝。核电只要开始运转，就会有许多辐射线、辐射能，作业员就边遭辐射污染边工作。而且平井指出，虽然作业员穿着的防护服好像是保护身体免遭辐射能污染的装备，但其实防护服中附有测量辐射线的警报器，亦即防护服只是为了不让辐射能被带到外面的作业服，并未真的能让作业员免受辐射污染。

日本核电的建设、运转或检查等业务，是由日立、东芝、三菱等厂家外包出去，不仅发到子公司、孙公司、曾孙公司，甚至还外包到第七次以下，最后现场工头再去召集住在核电厂近郊的农夫、渔夫或游民等，这些人完全不知道核电厂的构造，只是因为想要赚点现金而工作。

被曝问题潜伏，
却遭忽视隐瞒

为何核电不能不用非专业人士呢？平井指出："核电有被曝问题，是无法培养接班人的职场；而且现场大家都戴防护面罩，不能说话，只能指手画脚，这样无法教导传授。即使是手艺不错的人，一年内容许辐射量有限，用掉了就不能再进去，所以用非专业人士也好。"

平井曾举一次锁紧螺丝作业为例，因为必须对角线地锁紧，没锁紧的话辐射线就会外漏，由于作业现场是辐射线管理区，辐射线非常多，是非常恶劣的地方，进入现场时都要带警报器，分秒必争；有次为了锁三个辐射严重区的螺丝，动员一百六十人排队，喊"一、二、三"之后跑到七米之前的螺丝，但有人动作慢，才喊一二三跑动，线量警报器就响了，有人才问"螺丝在哪里"就得离开了，结果花了

四百万日元。

既然现场修理、检查如此困难，为何不停止运转来修理呢？平井指出，核电只要停止一天，便会有好几亿的损失，所以电力公司尽可能不停止；虽然辐射能很危险，但对企业而言，比人命更重要的是钱。

平井更指出，最初在核电工作的人，会被洗脑五小时，告诉你核电是安全的，反核电的人说辐射能会导致癌症和白血病是天大的谎言等，只要遵守政府的规定就不会有问题。此外，现场的人都被下了缄口令，如果将核电内情向外流传，就会丧失工作机会。平井指出，全体作业员每天都被曝，而如何不让本人或外界知道，就是负责人的工作；如果被曝问题外泄，就是现场负责人失职。

平井每次有部下因癌症死去，他总会觉得是自己杀死他们一样，有相当深的罪恶感，而他自己也在一九九七年五十八岁时罹癌去世。他在一九八八年退职，九零年成立“核电被曝劳动者救济中心”，帮助被曝作业员申请劳灾等，但许多人担心自己被曝事实为世间所知，自己或家人会遭歧视，所以不敢申请，而他死后，这个中心没有人接班也宣告关闭。平井留下让人了解核电本质的谈话，让人知道根本没有核安这回事，而且没有被曝，核电是动不了的，即使没发生事故，背后也有无数员工每天遭受辐射污染。

核电推进派的忏悔与警告

面对可能不亚于切尔诺贝利的福岛核灾，
日本长年推进核电的官员或学者，
都正式表示忏悔，并提出警告，
建议当前应全力结集所有机构，
以及产业界、大学等力量，
充实原子炉测定及环境监测等，
描绘出迈向平息的综合战略。

福岛核灾飙升为七级了，虽然日本政府自认放出的辐射污染只有切尔诺贝利核灾的一成多，但未来福岛将有数十万人可能永远无法重回家园，国民或邻近国家必须长年跟福岛核灾打交道。面对这一场可能不亚于切尔诺贝利的核灾，日本一些长年大举推进核电的官员或学者派阀，都正式表示忏悔，也提出警告了。

日本早在三月下旬就已经知道七级跑不掉了，当政者还是优先考虑政局，担心影响四月十一日的地方统一选而延迟宣布，但民主党照常大惨败，日本操作核灾信息的状态引起美、中、韩等各国不满。另一方面，从四月一日起，便有长年都是核电大推进派的各方人士相继公开道歉、忏悔，不再把核灾的责任推给地震、海啸，并倾诉福岛真正的危机，希望日本政府全力对应。

率先出面的是曾遭指名为核灾战犯的日本前原子能安全委员会委员长松浦祥次郎，以及前原子力学会会长田中俊一、东京大学名誉教授石野等十六位日本拥核的最核心高层人士。松浦在任内曾忽视关于海啸及福岛核一厂补强建议，而这十六人表示："我们一直站在最前线促进原子能和平利用的立场，对此事故极为遗憾，深深向国民谢罪，这是道歉也道歉不完的！"

他们从事故当初就不断沉默看着一切变迁，但至今也无法预见事故要如何平息，并发出警告："部分燃料熔解落下，积在加压容器下部，尤其担心的是随着时间过去，会连加压容器也熔毁，又流到围阻体，破坏围阻体封闭辐射线的机能，而且无法排除加压容器内大量氢气的火灾、爆炸而破坏围阻体等，造成更为广泛、严重的辐射污染的可能性！"

这批真正最清楚福岛核灾真相的前官员、专家们强调时间的制约，松浦在十日又呼吁，担忧哪个炉心的氢爆会放出更大量的辐射物质，没有人能接近，连其他的炉也无法抢救。这些大推进派认为只是应急的冷却并不够，因为"三个原子炉里剩下的燃料加上四号燃料池的燃料，远远超过切尔诺贝利事故的辐射能，必须加以封闭，当下庞大的辐射物质扩散分布在加压容器、围阻体内，有部分也持续放出到周遭环境"！

除了认为福岛核灾还会造成更严重的辐射污染，这些大推进派并建议当前应该全力集结所有机构以及产业界、大学等力量，充实原子炉测定及环境监测等，描绘出迈向平息的综合战略。在他们看来，日本政府尚未领悟到核灾的严重性，而且他们也要求核灾的对策作战本部应按照规定设在福岛核一厂附近，才能就近了解状况指挥，并分担、理解作业员被曝的苦劳。

十六人之外，建立核电安全神话的其他科学家，如研究原子炉而闻名国际的大阪大学名誉教授住田健二等也出面认错，表示"这是我跟我那个世代之人的责任"以及"福岛核灾被说是人灾也无法反驳"。他们自己也相信核电获得充分管理，不可能发生重大事故，但事实并非如此，核电事故频发，电力公司往往也以保炉或维持运转为优先，并不是以安全为最重要考虑，才会让核灾扩大。

福岛核灾该赔多少钱？

台电估算台湾发生核灾的损失
只有五点三亿台币，不知道根据为何，
东电单单要收拾三个原子炉及四个燃料池，
至少要花上兆日元，连五六号炉也必须废炉，
东电本身的损失已是天文数字，
更不用说福岛核一厂周边住民的身家财产，
以及邻近各县的农渔业、观光业损失了。

虽然东电在首相菅直人逼迫下，提出一份在六至九个月内趋于低温安定的福岛核灾工程表，但各方皆认为此表不切实际，东电董事长胜俣恒久表示没有自信如期实施，连菅直人自己都吐露过“福岛周边二十年无法住人”的真心话。而且福岛核灾的扩大已逐渐被认为是人灾或是天灾引起的人灾，东电以及日本政府必须赔偿，但究竟该赔多少？据日本政府内部保守估算要二十兆日元，梅林日本证券估计要赔四十八兆日元，而瑞士前原安会委员长沃特·威尔第则估算应该要赔三百六十六兆日元。但即使这样也是不够的，因为日本所有企业都遭到风评损失，连距离二百五十公里外的东京房地

产国际行情也大为暴跌！

台电估算台湾发生核灾的损失只有五点三亿台币，不知道根据为何，东电单单要收拾三个原子炉以及四个燃料池，至少要花上兆日元费用，连五六号炉也都必须废炉，东电本身的损失就是天文数字了，更不用说福岛核一厂周边住民的身家财产，以及邻近福岛的群马、枥木、茨城、千叶等县的农渔业、观光业损失了。像是三到五月旅游旺季，连距离福岛核一厂一百三十公里的世界文化遗产日光都乏人问津，一天只有几十人来访。

然而，这还不连房地产价格崩跌计算在内。若是台湾核一厂、核二厂发生福岛级核灾，则台北所有活动都得停止，台北的房地产价值等于零，北台湾的人无处可去，跟福岛核一厂计划避难、赔偿范围内的四十公里圈内也都还是人屋稀少的乡村完全不同，将会出现“台北丧失”、“台湾丧失”等无法承受的后果。台电只用损失五点三亿台币的估算以及免赔心态来运转核电，非常恐怖，难道台湾人的身家财产真的如此不值钱？

梅林日本证券是以福岛及周边部分县市两年遭受辐射能污染而试算出应赔四十八兆日元，而目前两年内是否真能安定冷却完全是未知数，若还继续对天空、海洋吐放辐射物质，则赔偿额还会增加。不仅人及产业受损，周边土地也都必须铲除更新，指定的二十公里避难圈面积是东京二十三区的两倍，三十公里圈则达五倍，处理费、补偿费也是天文数字。

曾任瑞士政府原子能安全委员长五年的日内瓦大学研究所长沃特·威尔第在四月五日发表关于福岛核灾的研究结果，认为四十公里圈内也遭到高浓度辐射污染，无法住人，而且福岛核一厂附近的海域今后四五十年都不能捕鱼，他估算损害赔偿金额为四兆瑞士法郎（约三百六十六兆日元）；若发生在瑞士，则电力公司必须支付避难灾民一点八亿瑞士法郎（约一百六十五亿日元），差额由政府支付。

一九九九年茨城东海村JOC临界事故时，指示避难对象一百五十人加上部分农产品风评受害，东电赔偿了一百五十四亿日元。但现在福岛核电厂二十公里圈内指示避难八万人，加上计划避难则超过十万人，单就人数来算是十兆日元以上；而这次农、渔业的损害规模完全不同，日本政府内部估算总额达二十兆日元。

日本政府已经表示要负责到底，如果只是依照既有的“原子能赔偿法”，若由天灾引起则国家最高赔偿是一千两百亿日元，超过的话，则由东电负责。但东电付不起，最后只好跟以往大银行或日航出现破绽一样，拿税金出来填补，债留后世子孙！

日本是否可能走向非核之路？

日本人还是很有现实感，

觉得至今多少受到核电恩惠，

不会轻易诅咒核电。

但大部分人都已认定，

中长期是该朝终结核电的路走，

或许花费几十年或百年，

都应该让日本成为安全、安心的非核国家。

福岛核灾至今尚未脱出危机，对日本的损害已经不下于震灾本身了。东北各县受害规模虽然很大，但只要复旧重建就好，可是核灾不同，不仅影响到周边其他县市，甚至影响首都东京，更扩及日本全国；而且未能解决，不断放出大量辐射污染水及辐射尘，让日本在各国眼中逐渐从受害者变成加害者。这种负面形象，几十年都不会消去，也让日本人及世界都理解到，只要一次厉害的天灾或是搞错什么，便可能酿成无法挽回的大难。

原本应该是安全的核电，原来稍微出事就无法收拾，核废料至今也还无处可去，原来核电厂就是没有厕所的大厦，不但日本今后要新建核电厂已不可能，主张摆脱核电路线的人也增加了。但是以这样的经济大国而言，走向非核的现实性有多高？

福岛核灾，唤起东京人的省电意识

因为福岛核灾发生，让福岛核电厂供电的关东地区因此电力不足，陷入轮流停电的状态，预料到了夏天，电力不足问题会更严重。这样的日本是否真的可能不要核电？不过因为轮流停电及呼吁省电，发现少用三成电也不是那么可怕，虽然有些企业的生产活动受到影响，但也有企业为了迎接缺电巅峰，开始进行生产时间的调整——例如在电力充沛的夜间生产。事实上，目前许多产品如豆腐，为了想把保质期限延后一天都在夜间赶工，如果为了更大的目标，其实应该更容易调整。

即使核灾不断扩大，连东京人都感到不安，为此一度西进到关西等地避难，或展开生活防卫，储存食物及用水等，但东京人都很乐意配合节电，主要是因为日本人还是很有现实感，觉得至今自己多少受到核电恩惠，不会轻易诅咒核电。但许多东京人都说："因为东京人用电，而让福岛及周边受苦受难，所以应该省电，看看是否有办法建立一个安全、安心的新国度，毕竟日本是地震大国！"

核灾还在持续中，日本电视的流行语是"严酷的状态依然持续中"，便是指福岛核灾。按理现今反核运动会很兴旺，但东京四月三日的反核活动只有三百多人参加，主要是日本人担心现在大搞运动，会打击在福岛现场拼命的烈士；但其实是大部分日本人都已经认定，日本中长期是应该朝终结核电的路走或许花费几十年或百年都应该成为非核国家，但是短期内还无法不依赖核电，否则日本经济将会失速。

追求安全清洁的能源，是人类的本能动向

如果不要核电是否可行？主持过阪神大地震复兴工程的堺屋太一，在核灾发生后表示，他自己在一九七八年从通产省退职前最后的工作是立案推进自然能源计划，亦即利用风力、太阳能、地热等，但很可惜经济性效果不高，经济性充分的场所很有限，比较成功的只有大分、岩手的地热发电。但如今距离当时已三十几年，太阳能发电技术大有进展，日本也从二零一零年起恢复已经放弃三十年的大规模实验，而且家庭装设电光板的比例、意愿都比以前高，日本声宝的电光板技术也是世界顶尖。日本为岛国，也可多加利用现在受世界瞩目的潮汐发电等，算是对于会带来海啸等灾害的海洋的反利用。核灾发生后，各国尤其是和自然能源相关的股票都大涨，可见追求安全及清洁的能源，还是人类很本能的动向，已经不需要什么反核运动来诉求。

此外，到底电力是否真的那么不够？如果只是考虑供电问题，其实当下只要京都临海地带的火力发电厂及瓦斯发电厂，还有各企业的自家发电等增产，应该就能解决。日本企业的自家发电实力雄厚惊人，核灾发生后，住友金属工业在二十五日就把该集团所有的鹿岛制铁所（茨城县）里停用的火力发电重新启用，能产电四十七

点五万千瓦，不仅该厂的高炉恢复运作，还能全部供应给东京电力，这样便已足够因应茨城县所有家庭的电力需求了。

例如，关东圈最近推动省电，商店招牌或店内灯光乃至街灯等都大为减少，起初让人有点不适应，但实施几周后，发现过去的亮度根本是不必要的。这意味着只要稍微省电，便可以少用三成，如果真的可以脱离核电所带来的不安，愿意少用五成的人也很多。甚至像名学者养老孟司还主张，日本人口占世界六十分之一，应该用六十分之一的能源就好，现在根本用太多了。

像日本、韩国和冰岛，是加入OECD（经济合作开发组织）三十四国中仅有的三个没有实施夏令时间的国家，预料如果实施，业务灯光及冷气的需要会减少，夏天缺电问题也可以缓解许多，估计省下的电力至少可以匹敌三百四十万千瓦太阳能发电系统的电力；至于其他如分散休假、弹性上班或昼夜电费区隔等，也都能缓解夏天的缺电危机。

充分运用替代电力，
非核并非不可能实现

令人惊讶的是，至今所有人都说没有核电，日本电力将会不足，但日本电力公司业界团体的电气事业连合会（简称电气连）所做的统计显示，日本其实就算没有核电，只靠火力、水力发电及企业自家发电，也就绰绰有余了。日本过去最高的电力需求纪录，是二零零一年七月二十四日下午三点的一亿八千两百万千瓦，这个纪录甚至连二零一零年的猛暑也没有打破，但这样的分量只要水力发电加上

火力发电便还有剩余，其他也还有发电实力超过四千万千瓦的自家发电可用。

虽然自家发电是属于各企业或个人所有，电力公司认为不能计算在内，而火力或水力发电也有定期检点、维修等问题，水力还受到降雨状态影响，无法真的全照账面数字来计算；但事实上，日本当前火力发电的供电量只有实际供电能力的半数以下，电气连表示这是为了减碳，其实尚有很多的余裕可以扩充。因此，事实上日本发电、供电的能力过剩到极点，就只是为了一年里某个很短的时期，而且是很短时期里的需要，而不断持续地大建核电厂或其他发电厂，却明知在其他季节或时段里这些电厂都是游闲化，非常浪费。

日本因为长年推进核电，现在全国对核电的依赖率虽然是百分之三十一，但事实上日本电力非常充裕，就是因为过度充裕，电力才会拼命推销“全电化生活”，而不是不够。由于这次核灾，日本人都不想因为多用电而背负核灾的风险，“全电化生活”已经没有前瞻，像东京瓦斯便在三月把原本因应“全电化”的三百多名宣传人员解雇，而与自然发电如太阳能发电等相关的股票也见上涨。

日本电力没有不足，要多少有多少，正如台湾备用电力达百分之二十六一样，日本的电力其实也很有余裕。三一一震灾后不久，东京电力公司和日本政府哭叫福岛核一厂、核二厂都出问题，电力不足，在十三日晚上突然宣布要计划停电，其实是毫无计划，乱成一团，分区限电外，连电车都停开、减班，首都圈交通瘫痪。当时表示供电能力只有三千一百万千瓦，还差三成，但其后各处长年没用的火力发电或抽水蓄能发电等，逐渐恢复使用或是增设瓦斯涡轮机，过了一个月的四月十五日，东电就宣布其实到七月底供电量可以达五千二百万千瓦，算是大好消息。而夏天关东地区的尖峰需要是五千五百万千瓦，照目前情形来看，只要企业稍微省电，普通家庭不需要停电也能度过需电最多的夏天。

原本“国际能源总署”（IEA）早就提出见解：日本的石油火力发电有剩余，足以补充核电不足，亦即没有福岛核一厂、核二厂，东电所管辖的关东地区也完全没有问题。但东电不喜欢“无需核电论”遭到国际组织实证，一直不肯面对IEA的见解。

核电的干净、低成本，
只是宣传假象

此外，电力公司都宣传核电成本很低、很干净，但事实上，用过的核燃料或相关核废料在全球都没有去处，人类还找不到解决的方法，核废料本身就被称为是脏炸弹，杀伤力很强。从这次世界都异常关心福岛核一厂四号炉使用过核燃料池的火灾甚于其他，就知道含铈的用过核废料是最恐怖、最肮脏的，而且究竟要花多少成本才能处理，则因为还不会处理（暂时只能做许多隔绝性高的洞来储存，许多储存设施也都爆满），只是还算不出来而已。

使用核电，还有一个原因是为了减碳，但曾任东京大学校长的三菱总合研究所理事长小宫山宏认为，现在所有电机等都是高效率、省电的，其实电力的总消费量是会减少的，只要多加用心改善，像是家庭多用LED、heat pump（热泵热水机）的冷热双效系统，屋顶都装太阳能板等。

虽然现在在日本，太阳能发电价格是核电的七至十倍，价格是

韩国的四倍，但小宫山指出这是因为日本厂家还想把长年研发的钱赚回来，不肯降价；如果日本大量采用，则价格自然降低，跟核电的差距自然缩小，是真正安全、干净的能源。而且核电成本的计算原本就有相当的问题，不连善后、不连事故风险计算在内；核电厂其实都是国家立法在背书，依法来赔，而非普通保险赔的，保险公司就指出，核电是风险最大的，所以保险都是做做样子，去除许多条件让保险业者不大需要理赔，否则不会受理。

核电即使没有天灾，也有人灾或是像福岛核灾是天灾加人灾，只要一不小心，就让无数人的家园、良土变废墟，大气、海洋遭污染，人类共有财产损失算不清。像全世界排名第四位的东电若非全赖国家支援，只好倒闭。因此，成本低的算法其实是自欺欺人，但至今电力消费者也不想去面对，只是核灾惊醒了日本人，今后只好慢慢去追求摆脱核电的可能性。

因震灾而改变与抵死不变的人

震灾前，人是被动的，夜里就像飞蛾般，
不断飞向点亮了诱蛾灯的店里去消费；
现在则恢复本能来选择，
也发现省电两三成根本不是问题，
大部分日本人的价值、生活模式，
都发生很大的改变。然而，
也有人完全没变或拒绝反省，令人忧心。

日本因为震灾、核灾发生，许多国民的想法大为改变，例如都会的人不再觉得便利是理所当然的，也不再觉得夜以作昼没什么不好，大家都尽力省电，而期待寻找新方向来过较安全、安心的生活，不必因核电事故而让福岛或其他建有核电厂的地区人民受苦受难，认为尝点不方便也是应该的。导演北野武提出了许多搞笑省电法，像是回转寿司店的寿司台不要转而让客人转就好，因费电而成靶子的小钢珠店（编话：赌博用的弹珠店）可改成怀古手动台，总之每个人都费尽脑筋想开拓出新的路子来。

以前东京即使大白天，车站内也都是灯火通明，现在则微暗，这样走上月台，反而感受到穿过透明屋顶阳光的亮度与温暖。夜晚也因亮度降低，在东京开始看得见星星；店家招牌没点亮，也可以考验自己的记忆如“那家店就在这附近没错”，会有意外的兴奋。

震灾之前，人是被动的，夜里就像飞蛾般不断飞向点亮了诱蛾灯的店里去消费，毫无意识；现在则恢复本能来选择，也发现省电两三成根本不是问题。震灾前后，大部分日本人的价值、生活模式都发生很大的改变。

但也有人完全没变或拒绝改变，像震灾后过了一个多月好不容易召集的“复兴构想会议”，还没开始讨论，议长五百旗头真便马上秉承首相菅直人的意旨，表示要创设“震灾复兴税”，让人觉得政客或取媚政客的学者并没有因震灾而改变，还没想到要如何复兴，就先想趁震灾而增税，好像逮到千载难逢的良机。其实没增税，现在日本的消费就已因震灾、核灾而大缩水，要是再大举增税，消费将更形萎缩；复兴会议的成员有哲学家、剧作家、住持、建筑家等，文化气息浓厚，却没有任何宏观的经济视野或财金专家，令人忧心。

核灾也让长年推进核电的政客改变了，如福岛出身的民主党最高顾问渡部恒三，曾大力支持核电，所以福岛一县便拥有日本三成的核电，他还四处演讲：“我在福岛出生长大，如各位所见，我如此有元气，只要建核电，则国民会长寿！”但现在福岛至少有十几万人可能永远无法重返家乡，渡部公开认错，对自己以前的发言表示非常羞耻，后悔至今全面相信核电的安全，误以为即使发生事故也是一周就会收拾好，未料影响如此巨大、长久。但也有对灾变毫无感觉而抵死不变的，例如现任经财相与谢野馨，也是在自民党时代担任通产相时就推进核电，他则拒绝道歉、反省，说：“当时是尽了最大的努力了！”他的祖母——文学家与谢野晶子，在阴间大概会大骂他不肖吧！

复兴也需要文化娱乐？

日本在311之后，

连关西也跟着过剩反应，

一片自肃气氛，导致消费低迷。

只顾生活和复旧，就欠缺未来的展望，

因此也要重视产业经济和文化娱乐，

以免世间全盘低沉阴暗，

复兴的脚步会更慢。

三一一东日本大地震及海啸，外加至今尚未脱出危机的核灾，动摇了日本国家体系的根本，让日本人终于体会到官僚体系、企业的效率主义或至今的能源政策，都已达到极限。灾区复兴或许让日本有机会大彻大悟，让原本无精打采的日本人重新振作起来，尤其让至今最为认命的东北人，能在保存最多自然的三陆海岸或靠山高地，重建美丽而安全的家园。这种历史性使命，不是只会大搞土木工程的传统型政治家或官僚所能承担的，除了硬件之外，也还需要软件的想法。像曾主持过阪神大地震复兴的堺屋太一就强调文化娱乐跟生活社区、产业经济同样重要；导演北野武也表示，现在虽然送搞笑艺人去灾区会被批判太荒唐，但在重建过程中，的确需要一些文化传承及开朗的气氛！

虽然遭海啸吞噬了家族、家财的人们有很多不想再看到海，但还是有过七成的人想回去祖先自古作息的那片土地上重建家园。各方都主张应成立一个能打破省厅门户的限时组织，像是后藤新平在一九二三年关东大地震设立的“复兴院”，来重建东北；而且就像堺屋所主张的，要让有地理感的东北人来主持，没有个人政治野心、懂得利用官僚，并招集一批愿意为东北埋骨的人来卖命几年才行。更重要的是要重建一个让东北人能自豪的东北，而不是至今过度谦虚、自卑的东北。过去我每次去岩手等地拜访，他们竭诚招待后，总还会说：“不好意思让你到我们这种穷乡僻壤来！”也因此这次灾变让人格外为东北人心疼。

东北人除了觉得每六七十年就会有大海啸而认命之外，也非常忠厚老实，忍耐力强又本分、贴心、拘谨，有秩序地排长龙也不抱怨。朴素不矫饰的东北人，高尚的气质让世人称赞，而在日本国内，东北也是长期较遭忽视的地区，因此东北人之间的互助、大家族气氛也格外浓厚，而让人想将这个地区的特色发挥出来，像是另外成立一个高度自治的东北州，重建几个日本第一的城市，让东北人获得高度自信。

堺屋是大阪堺市出身的人，对如何复兴阪神很有概念，他强调若只顾生活和复旧，那就欠缺未来的展望，即使稍微忍耐，也应该重视产业经济和文化娱乐。他当初就拨了一兆日元来培养新产业与新文化，对防止日后的日本经济文化低迷很有帮助。

日本在三一一之后，连关西也跟着过剩反应，一片自肃气氛，连赏樱都不自在，导致消费低迷；而世间若是全盘低沉阴暗，复兴的脚步会更慢。只是现在日本的财政及经济的竞争力都跟一九九五年阪神大地震时不能相比或许这样的复兴会更彻底，让日本旭日再起；但太笨拙的话，也会让日本崩坏衰退的！

日本复兴路遥遥

日本企业虽然深受震灾、核灾打击，
但底力坚强，让人对日本经济相当有信心。
但菅直人和民主党至今尚未适应执政党角色，
让复兴之路显得非常遥远、颠簸难行。
民间企业、地方自治体或灾民，
都觉得只好先靠自己开始，
一步一步走出去。

二零一一年四月十九日，日本汽车相继通过辐射线检查，搬入上海新国际博览中心，参加四月二十八日开幕的中国上海国际汽车工业展览会（Auto Shanghai 2011），日本汽车业界想以此来展示日本企业的实力以及朝复兴迈进的决心。前此一天的十八日，丰田宣布所有工厂恢复动工，日本企业虽然深受震灾、核灾打击，但底力坚强，让人对日本经济相当有信心。但相对于此，菅内阁所领导的复兴计划连构想都还没有半句话，就只提到要开征复兴税，让人觉得和民间企业或国民努力的温差未免太大了。

核电安定期限工程表，只是敷衍说法

此外，东电虽被菅直人所逼而在十七日发表一份核灾进入安定低温的工程表，表示需要六至九个月，但这不过是期待性的观测，连一向不说真话的日本原子能安全委员会委员长班目春树都表示不可能，因为二号机附近也还有高浓度辐射能，无法接近。许多在现场参与复旧作业的核电关系人士或作业员，也觉得不可能这么早就达到目标。虽然菅直人表示，希望九个月后能让多数人回家，事实上连福岛人自己都觉得五年内回不去，因为土壤、房屋等也要彻底除去辐射物质，许多人早已知晓可能无法重返家园了。

连东电董事长胜俣恒久在被问及日程的精确度时，他自己也说："没有自信！"菅直人则对提出工程表表示："这算前进一步！"好像在说别人的事。前九州东海大学校长表示东电的工程表近乎荒唐无稽，这绝对不是限期就能完结的事。美国 FEMA（联邦救难总署）的外围组织 IAEM（国际危机管理人协会）的国际协调人，也是日本战略研究论坛复兴支援国际合作室室长唐川伸幸表示："如果一号和三号机的压力控制室或围阻体是正常状态，才有可能在九个月内达到冷却安定并除去燃料棒，但这次核电全部组机都崩坏了，要低温安定非常费时，即使想除去燃料棒，也因为部分核心熔毁而辐射能外泄严重，必须要出动机器人才能作业，地震也还在持续中，最少需要两至三年才可能，东电的工程表未免想得太美了。"

菅内阁对策贫乏，只会征税和纸上谈兵

东电为何会提出如此天真烂漫的收拾工程表，主要是菅直人想征税。除了菅直人很在乎内外都批判他无能、欠缺领导能力外，他也让自己所召集的“复兴构想会议”的议长——防卫大学校长五百旗头真在什么构想都还没开始讨论、提出之前，就先开口说要创设复兴税，让日本国民无法理解。因为现在日本已经是超级通货紧缩状态，如果增税，则等于自杀行为；尤其自肃气氛让个人消费低迷不已，开征新税显然会让日本经济遭到毁灭性打击。不过因为自民党也提出复兴税案，民主党也觉得干脆采用自民党案，就不会遭到抵抗，自民党其实也不想因为复兴而和民主党对立，但民主党目前还没想好要做什么就打算增税，尤其菅直人又打算提高消费税百分之三以上，而消费税是不选择地区的，对于灾民或受灾企业的打击将更为严酷，让人对于“复兴构想会议”无法期待。除了增税外，民主党还将发行以“复兴”为名目的复兴再生债来充作财源，但在野党希望民主党先把不必要的儿童津贴等支出删除修正。

不仅财源问题，让人更不安的是，菅直人为了震灾、核灾已经成立二十几个“本部”、“会议”，如雨后春笋一个个冒出来，但直到四月下旬却连已经收到的一千六百亿日元都还发不出去，临时住宅的兴建大幅落后，至今还有十四万多人住在避难所里。各种灾害对策都迟延落后，这也是因为相关救援组织非常多，山头太多，会议也超多，每天都有无数的会议在召开，但开的是什么会没人搞得清楚，连

下令要成立这么多会的菅直人自己也不可能弄懂。或许这是出身市民运动的菅直人长年爱用的手法，亦即搞一大堆单位，结果权力都没下放，这样才不会培养出新的领导人来取代他。

虽然想向复兴迈进，但指挥系统混乱，而且每个组织里都没有懂实务的官僚或前官僚参与，即使有构想、提案，到时候要如何执行，没有人知道。像是现在因核灾而使农、鱼产品流通遭到规制的直接受害，以及受风评影响而消费者不买的间接受害，负责填补这些经济损失的组织共有“原子能经济被害对应本部”、“原子能损害赔偿纷争审查会”、“原子能受灾者生活支援小组”，现在还将成立“核电事故赔偿小组”等，角色分担到底怎么处理，连各单位的成员也不知道，其实许多小组、本部的本部长就是经产相海江田万里，未必需要分开。菅直人还找了学者等来当他的“参与”（意即“参事”），从五人增到十五人，责任也很暧昧，有的单位一个礼拜以上没开过一次会。

民主党排除官僚，
复兴之路遥远难行

据现任参议员，也是“Tully's Coffee Japan”创业者的松田公太指出，经营者增加会议，结果内容重复而搞不清楚，这种企业必然失败；尤其紧急会议应该只由一场来决定一切就好，这是所谓的锅盖型组织，才能敏锐快速对应，最好是成立一个集聚朝野党魁的本部。民主党从在野党时代起，就是只要讨论得出结论，就好像办完事了的气氛，该党排除官僚，只跟学者、有识之士纸上谈兵，到

现在还没打算付诸实行；官僚们摩拳擦掌，却无用武之地，而且菅内阁没能力也没想操控他们。为此，自民党国会议员胁雅史在国会中批判菅直人没有领导力，还教导他做人道理，亦即领导力不是什么都自己一个人独揽，而是:“活用别人，让别人愿意为你做事的能力！”

至今尚未适应执政党角色的菅直人和民主党，让复兴之路显得非常遥远、颠簸难行；让民间企业、地方自治体或灾民，都觉得只好先靠自己开始，一步一步走出去。像是开始在帐篷里开起综合医院或小工厂或是大企业如丰田等都是自己先站起来、走出去，若要等政治领导，心都要冷了。

福岛核灾何时才能收拾完毕？

即使没有出现新的爆炸，
福岛核电厂周边的居民，
也不知道要多少年后才能重返家园。
不仅福岛核灾难以收拾，
世界也还有无数危炉可能制造新灾难，
福岛核灾若能给人类带来警告，
才不枉费十几万福岛人所受的苦难。

法国辐射防护原安研究所调查指出，核电事故后一年间，福岛核一厂连远达西北五十至六十公里的范围，也会持续遭受土壤污染，而且被曝量是法国人年间被曝量的四至八倍，二十公里圈内的居民则几乎不可能回家了，菅直人所说“二十年无法住人”，许多专家认为是指三十公里圈内。切尔诺贝利核灾时，当时苏联让三百公里圈内的十三万五千人强制移民他处，而福岛核灾，连像是距离四十公里的饭馆村，也还有部分土壤含铀量超过切尔诺贝利移居地区，落在土壤里的铯 137 半衰期也要三十年，长时间下来对人体及农作物的影响不计其数。就算万事顺利，福岛核一厂的四个炉要多久才能解体、废炉呢？建造核一厂一号机的是GE，二号机是GE和东芝，三号机是东芝，四号机则是日立。东芝和日立提出的废炉计划差很多，东芝为“十年半”，而日立则为“三十年”，都是以半年后能顺利冷却为前提。东芝是计划用五年将加压容器内的燃料棒和燃料池内的用过燃料取出，放在别的密封容器内；再花五年将机器、设备撤走，并改良土地，约要十年半。切尔诺贝利当时取出燃料需十年左右，最后确认除染则花了十五年，至今还有四千人在现场作业。东芝判断取出燃料只花五年，是认为可用机器人远隔操作来搬运等，并打算由该公司并购的美国西屋等参与。和GE提出共同废炉计划的日立，则认为三十年是很普通的数字，非要赶工则另外估计——按正常作业来说，日立不可能要花费东芝的三倍时间，东芝估算的只是赶工的时间。而且福岛核一厂有四个炉，跟三哩岛的一个炉不同，也比较费时，但一切都要等确知炉内状况，才能具体提出可行计划。

福岛废炉和其他核电厂的废炉并不一样，普通废炉有百分之九十五是不必处理的垃圾，但福岛核一厂因为爆炸过，附近连建物等全遭高度污染，这些废炉垃圾要拿到哪里去丢非常棘手。尤其是含钸的垃圾，毒性要三万年才能消除，有哪个地方愿意接受？三万年前，人类还是旧石器时代的克罗马侬人，现代人造出这么多危险而无法处理的东西，对未来的人类如何负责呢？不仅福岛核灾或许在有生之年都难以收拾，眼看世界还有无数危炉可能制造新的灾难，福岛核灾如果能给人类带来新的警告，像是现在让德国、意大利废止核电厂等，也才不枉费当下十几万福岛人所受的苦难。

UDON STAND
三谷通り商店街

PART 2
政经检测仪

日本不景气雪上加霜

M 型社会的问题不仅是贫富阶级两极化，
更是中央与地方的贫富差距问题。
日本景气最近因灾情而更加萎缩，
但或许被震灾逼上穷途末路，
反而会有点奋斗的饥渴精神，
让日本人重新忆起如何从废墟中站起来，
城乡或阶级的差距有希望稍微拉近。

每一位来日本的朋友见到我，都会问："日本的景气到底好不好？"虽然经济景气有许多数字可以参考，但事实上还有实感景气，也就是从生活等各方面来感受。

像是许多作家都主张从声色场所最能感受景气好坏或是从出租车是否空车大排长龙等来感受；甚至像大导演北野武就公言："我从不相信经济学者的分析！只从过去无法预测未来景气动向！"当然像许多商店街的老板也不相信官方数字，而更相信自己切身的感觉！

二零一一年震灾发生后，全国一片自肃气氛，事事必须自我节制，东京知事石原慎太郎还不准公园点灯开赏樱会，谢师宴及入社、开学典礼或公演等都告中止，否则会遭批判“不谨慎”，让人觉得矫枉过正，逼得许多居酒屋等开出支援震灾菜单，像是“开瓶红酒，百分之十义援震灾”或是积分数提高为五倍以吸引客人，老板娘也用从未看过的笑脸待客，直到许多经济专家出面呼吁表示，再自肃下去，经济都会崩盘。北野武表示许多有交情的餐厅、酒店都来拜托他光顾，他一去，店里把其他客人没来的份都想在他身上回收，他没点的昂贵菜色相继端了上来，这大概也是他实感经济的体验之一。

实感的经济是非常精确的，像是有位二十岁的女公关，刚从札幌闹区薄野的酒廊来东京新宿打天下几个月，说：“在札幌酒廊里要开一瓶三千日元的烧酎很不容易，还得自己拼命喝，才能凑自己的业绩！来到东京发现，三万日元的香槟，大家一整晚都接二连三地开，完全没有不景气的感觉！”

这位上京女公关的感受很真实，当前日本企业的交际费是史上最低的，虽然在银座等更为高级的酒廊门可罗雀，女公关都必须减少工作机会，像是每周减少为只上三天班等；但是到消费中级点的新宿，盛况还是差不了多少，从地方来的人都会觉得东京景气实在太好了，即使东京人觉得跟以前比起来差很多。

震灾前，东京许多餐厅照常大排长龙，二零一零年四月美国洛杉矶品牌“FOREVER21”登陆原宿，开始时要进场，还得排好几个钟头的队；而二零零九年成绩一枝独秀的成衣UNIQLO一口气在新宿等都心开了三十家店，也同样在二零一零年四月底开了新宿西口店，开幕一个月后每天还是有一万多人入店。甚至在假日时，东京许多有好几个收银柜台的书店，付钱也要等很久，谁会觉得不景气？

因为是东日本震灾，而且福岛核灾也影响到东京，不管是辐射问题或省电、自肃等，东京显得没有以前快活、景气；但相对于此，关西的大阪、京都等则相当不错，外国人从东京、关东的景点消失，大阪街头则挤满不少中国观光客或从关东来透气的人。

然而，景气还是集中在少数企业。以前是集中在东京，只要离开东京到地方城市去旅行，即使还没有发生震灾、核灾之前，县政府所在的城市如福岛市（福岛县）、水户市（茨城县）等，都是从大车站前就开始出现全部拉上铁门的废业、停业的所谓"铁门通"，连旅游指南介绍的名餐厅都像是很久没有升起烟火的感觉。许多店面都贴上招租的字条，甚至连字条也褪色了，乏人问津，不像东京都心区，再贵的地段也马上有新的业者入驻。

M型社会的问题不仅是贫富阶级两极化而已，更是中央与地方的贫富差距问题，虽然许多地方出身的政治家或在野党撕裂喉咙喊了半天，却不如来东京不久的酒廊女公关在电视上诉说自己实感的经验，来得生动易解！许多统计数字也难以显示残酷的城乡落差。只要核灾能稍微平息，东京要恢复景气还是容易些，但许多乡下地方则不管怎样都很困难；至于跟核灾相关的几个县，更是雪上加霜，几年内甚至十几年内要翻身都很不容易。

震灾之前，日本成人因为飢饿等而造成的扒窃犯罪大为增加，半数以上都是初犯，被逮捕时身上连一千日元都没有，几乎都是遭裁员而无法维生的临时雇员。日本政府发布的二零零九年十月到二零一零年六月十九万余人遭裁员的数字，终于变成现实，出现在生活的周遭。而现在震灾加核灾的破产与失业大为增加，也会让原本是世界治安最好的日本社会，发生根本的动摇。

日本景气最近因灾情而更加萎缩，帝国数据库调查显示，震灾后倒闭、破产的情形相当严重，尤其是旅馆、百货公司、水产业、汽车零件业等，负债额达一千万日元以上的倒闭达十七万件，失业人数也相当多。即使朝复兴迈进而逐渐复苏，但对于许多阶层或地方而言，因为阶层两极化，觉得景气复苏跟自己没太大关系，人生自我实现的信心也两极化，许多人觉得日本国民大部分都变成穷人，穷人又很容易被和“输家”画上等号，有气无力，在这种心理状态之下，景气要全面复苏有点困难。

唯一的喜讯或许是景气不好，加班减少，因此回家努力生产造人的家庭不少，生育率略有上升，这点反而是不少经济学家开玩笑时的预测应验呢！此外或许因为震灾把日本人逼上穷途末路，反而会有点饥渴精神，因为当了太久的先进国家，都忘记如何奋斗了或许震灾会让人重新记忆起如何在废墟中站起来，而城乡或阶级的差距或许有希望稍微拉近些，这样才不会景气、不景气的分布太不均匀。

第二就业冰河期有多冰冷？

日本的大学生从大三起就在找工作，

就业活动时间很长，

造成教育及人生的浪费，

而且即使获得企业内定，

到毕业前夕还可能遭取消，

年轻人的人生轨道因此错乱，

因就业不成而成为高学历游民的不少。

春天来了，各地樱花都开了，也是日本大学生等求职就业活动最盛的时期，街头四处可见穿了求职套装的学生，大多愁眉苦脸，就业越来越难。现在的大三、大四学生获得内定的人不多，而且眼看应届毕业生有百分之二十找不到工作，被称为是第二就业冰河期的开始。由于消费衰退，业界都减少采用应届毕业生，而且眼看一年会比一年糟，许多大学生跑了几十家企业，也无法获得采用内定，料峭的春寒更觉冰冷。

日本大学生很惨的是，企业用人往往只采用应届毕业生，若找不到工作只好为了就业而留级，称为“就职留年”，不敢毕业，为此要多缴一年的学费。有的私立大学现在特别留情，让这种留级生只缴一半学费就好了或许是冰天雪地中的一点温暖。

学生就业受景气左右无可奈何，但日本的大学生从大三起就开始求职，就业活动时间很长，四年大学生活的一半都在找工作，造成教育及人生的浪费，而且即使获得企业内定，到毕业前夕还可能遭取消。像去年就有许多大企业突然倒闭或景气萎缩而取消内定，年轻人的人生轨道因此错乱；无法取得内定的学生，好像整个人格都遭否定般，痛不欲生。因就业不成而进修读硕士、博士者不少，但就业并不会因此变得容易，日本有两万个博士找不到像样工作，成为高学历游民的不少。

原本日本规定大四秋季的十月一日才能解禁去公司找工作，但企业在泡沫经济时代为了抢人才而乱采未熟的青田，逼得大学生只好从大三就开始找工作，企业方面却反过来责怪“让不用功的学生毕业是大学不好”、“学生也该遵守规定”等。其实学生太早花费力气来找工作，也是企业的损失。

泡沫崩溃，一九九三年至二零零五年是第一就业冰河期，好不容易二零零六年至二零零八年改善，二零零九年又开始天寒地冻起来，大三、大四两个学年都在抢很小的份额，连要参加企业说明会，也是几分钟就报名额满了，比订购热门艺人的演唱会门票还难。而且企业的求人消息什么时候会更新不知道，让人无法离开计算机画面，还有谣传说手机要连上线不容易，而 iPhone 才好，甚至有人真的听信这种都市传说而去买，可见就业已经难到让人疑神疑鬼了。也有的企业一开始要求会开车，学生在还没找到工作前又要花钱去学开车等，而且求职套装的治装费、洗衣费等也是支出惊人。但即使拼命投资，也未必能找到工作，有的学生饿着肚子跑企业，差点没昏倒，写下现代残酷物语；更悲惨的是找工作学生的父亲因为遭裁员，亲子都在搞“就活”（就业活动）的情形增加，家里可是唉声叹气！

日本房产神话崩盘了

在经济高成长及泡沫经济时代，
土地房产不断上涨，
并进而可以再扩大借贷、投资，
个人或企业财产评价因房地产而暴升。
如今东京房子折旧率高，
同时充分反映人口减少而需要减少，
只跌不涨，土地神话已经不灵验了。

许多台湾朋友到日本来，都惊讶东京闹区的房地产比台北、上海还便宜，纷纷想出手购买，但听到我说东京房子的高折旧率，以及充分反映人口减少而需要减少的结果，只跌不涨，于是打消了购屋念头，结果证明是对的。虽然也有企业集团或豪门在东京采购房产，但是不管物件选择多正确，结果都不划算，日本土地神话完全崩盘了，日本人本身不会想买房地产来投资，因为无法保值。

在经济高成长时代及泡沫经济时代，日本的土地神话不断膨胀，有土地就能抵押借钱，去搞事业或再买土地，土地房产上涨，可以再扩大借贷、投资，个人或企业财产评价因拥有房地产而暴升。日本战后五十年一路膨胀的土地神话，等于经济成长，土地价值不灭，地价绝对不可能下跌，媲美美国的股票神话，但这几年已经彻底让日本人体认到土地神话不灵验了。

原本日本房价为了企业利于投资，加上木造房居多，报税及交易时折旧率达百分之六，房子建筑年数达十七年时，房价等于零，拆除、运送废料昂贵，远不如空地高；虽然日本房租还是房价的二百分之一，远不如高房价泡沫时代的四百分之一，但利率达百分之五，理应不错，只是现在需求反映人口减少，东京出租房屋的空屋率高达百分之十三，而且还在上升中，即使地段超好，若不大举投资改造再生，可能一空数年，损失惨重。

泡沫时代，一屋难求，一九八七年NHK制作了“土地是谁的东西”特辑节目，还探讨是否有希望冻结地价，否则庶民连兔子窝都难保，引起喝彩；但现在则反过来，瑞克鲁特创业主江副浩正在二零零七年就已著书指出：“房地产必然贬值！”人口以及经济活动减少，东京都心再开发，大规模郊区开发宣告失败的例子相继出现，加上规制放宽而容积率增加，高楼增加，企业不再为单身员工租屋当宿舍而导致小套房价格崩盘等，因素多多。

虽然租屋较贵，成家的人想买房子，日本作家之间也开玩笑说：“写作能买房子才算真正的作家！”但若非是自己要居住，否则只有眼看房地产下跌。我二十年前在离东京一百五十公里处以每坪（1坪为3.305平方米）五万日元买了别墅地，七年前增购连接地时每坪四万日元，五年前再度增购时每坪三万日元，这是标准下跌率；去年三月脱手的工作室套房，只赔上折旧率价格，赢得所有朋友恭喜；至于泡沫时买的洋房只剩三分之一价格，至今不忍让渡，土地神话在华人心里很难崩盘，我也难免。最近上海人等大举采购东京房屋，也有欧美资本进军日本收购跌到泡沫时十分之一的高尔夫球场等，日本房地产价格相对于世界行情很便宜，但日本人完全不认为还有涨价可能！

少子化社会带来的经济冲击

人口减少的最大问题，就是消费市场缩小，
无法赚外国钱的产业会很惨，只好外移。
而日本社会将更加空洞化，
国内只剩高龄者和无法在国外做生意的人，
经济也愈形贫化。如此的危机感，
不断侵袭日本的企业与个人！

日本许多地方县市都面临人口不断减少的困境，企业也因此陷入严重的市场规模缩小难题，这也是日本近年经济不振的重要原因，如果类此低迷再持续下去，日本很担心自己在国际间的存在感会大为稀薄化。但人口再度大增的可能性已经很低，因此日本应该要设法创造一个人口减少但也安全、安心而丰裕的社会才行。日本经团连最近发表一份报告，就是假定日本人口减半，算是产业界主动想对应人口减少的社会问题。

经团连（Keidanren）是日本财经界势力最大的团体，这份“扬升报告”（Sunrise Report）据说是现任经团连会长米仓弘昌自己带头拟定的。日本到二零三五年为止，所有的都道府县自治体都将面临严重的人口减少问题；而到二零五零年为止，日本则有十六个县（现有一都、一道、二府、四十三县）都将面临人口只剩一半的状态，这是依据现实所做的推算，而非预言。

消费市场缩小，
公共服务也受影响

人口减半的县，将会如何？消费市场缩小，从农林水产业到服务业全都衰退，甚至有的产业会因此绝种。产业衰退导致税收减少，无法维持社会资本以及供应医疗、看护等各种公共服务的地区增加，也有些地方自治体将被迫宣布破产。

农林水产业就业人数减少，则粮食自给率将再降低，林业从业人员若是剧减，则国土将会荒废，日本就无法维持目前如此丰裕的绿色景观了，而且财政困难会导致地方政府无法维持教育、交通等各种软硬件的建设。此外劳动人口减少，则警察、消防等治安组织机能低落，日本就无法和现在一样算是"世界最为安全的国家"，许多至今认为理所当然的公共服务再也无法享受了。

二零五零年距离现在不过四十年，而这些现象并非是四十年后突然发生，人口减少的情形早已在各地出现。像是和歌山县人口今年就少于一百万人，是近畿六府县中最早跌破百万大关的，创该县半世纪以来的人口新低。主要原因是不景气导致和歌山欠缺工作机会，年轻人都外流到其他县市；而年轻人不在，则消费更差，景气更加恶化。

有些地方县市眼前暂时没问题，但事实上也难免人口减少的命运。像东京近郊的神奈川县政令指定都市的川崎市，现在人口为一百四十万人，虽然到二零三零年都还算是人口增加都市，但也将人口减少视为最重要课题。就是因为二十年后将会变为人口减少都市，而且高龄化起来，所以必须从税收、财政还算健全的时候，便开始对应人口减少及高龄化问题，否则街头将会一口气衰退，届时就来不及了。为此，川崎市将市政府的许多设施、医院等集中建设在市中心，并且整备社会福利等；此外也集聚拥有世界顶尖环保技术的大学、企业等，举办“川崎国际环境技术展”，招待亚洲各国企业、大使，积极将环保技术移转到海外去。

川崎市此项动作是认为，生产现场不断移往海外，在海外也不能不寻找新的市场，而川崎将成为日本输出足以傲视世界的环保技术的舞台，因此行政上也必须有所配合。此外，今后亚洲各国相继会有高龄化问题，日本也能通过自身解决、克服高龄化课题，而让福祉产业蜕变为新的成长产业。

内需产业饱受冲击，只有外移

日本人口减少，对日本产业界的冲击也非常严重，到二零五零年，日本人口将不再是现在的一亿二千六百余万人，而是将跌破一亿人大关，二零七零年仅有七千万人口，几乎只剩现在的一半。甚至日本政策研究机关“加龄总和研究中心”在二零零六年已推算，日本在二零四零年就会少于一亿人，所以人口减半并非不可能。原本所有经济预测就有悲观与乐观，悲观看法认为日本目前国民所得约三百九十兆日元，但二十年后将仅剩三百一十五兆日元，而现在百分之负零点二的经济成长率，二十年之后将会更惨，成为百分之负一点七，亦即日本经济不断衰退。

人口减少三千万人或五千万人，所有产业都将受到影响；个人所得合计金额减少，企业在日本国内很难赚到钱，内需产业将会陷入苦境。国内收入占九成的NHK便首当其冲，像是二零三零年时日本收视户数将会大减，依赖收视费的NHK经营将出现困难。

此外像是跟人口最为密切的房地产业也是内需产业，人口减少，购买者自然减少，市场本身一直在缩小，如果不是有特别战略的业者，要生存并不容易。日本房地产现在就已不断在反映人口减少现象，房价才会不断下跌，让台湾或中国、香港等地的华人都觉得来抢购很划算。但华人从未想过，日本房产折旧格外严重，房子不会保值，只会下跌，加上人口今后还将继续减少，下跌只会持续，土地神话在日本早已破灭。人口减少或高龄化问题在台湾其实也同样出现，只是台湾官民都不想好好面对而已，日本过去每年都动工建设一百万户住宅，但近年早就少于八十万户了，住宅的需要愈来愈低。

不仅房地产，百货、超市、饮料业等内需业也一样，业界只好不断合并或是朝海外寻找市场。像是二零一零年夏天异常酷热，啤酒的销售却创新低，为了适应今后日本国内高龄化倾向，清凉饮料的口味只好淡泊化，这个业界比其他业界更早为了年轻人减少而苦恼。人口减少的最大问题，就是无法赚外国钱的产业会很惨，因此电力之类的产业等都只好外移，甚至连许多IT系统产业也因为国内市场没有扩大希望，无法大举投资设备。目前所有商社都在积极促进

产业外移，日本社会将因此更加空洞化，国内只剩高龄者以及无法在国外做生意的人，经济也愈形贫化。如此的危机感，不断侵袭日本的企业与个人！

日本报业的挣扎

网络时代让所有产业的模样改变，

新闻业界也不例外，

日本的年轻一代几乎不看报，

而在网络上看免费、简单的电子报居多。

事实上优质的报道是很费钱费力的，

将报业NPO化或无纸化，

是否能维持目前的新闻质量，令人怀疑。

美国苹果计算机发表了可以看报的大画面iPad，其实日本许多报社都很紧张，担心日本真的跟美国一样，报纸逐渐无纸化。网络时代让所有产业的模样改变，新闻业界也不例外，日本的年轻一代几乎不看报，而在网络上看简单的电子报居多。像是在东京大学教新闻的立花隆表示：“来上我课的大学生还算是对报道关心的学生，但还有看报习惯的，到今年全班四五十人里头只剩三人了！令人忧心。”

虽然日本报业集团还跟电视、职棒球团、旅行社等结合，与社区关系相当密切，结构和美国不大相同，但眼看也不断在衰退中；另一方面，《日本经济新闻》及《产经新闻》也不断在摸索网络化，亦即电子报化，今后报纸真的会走入无纸时代吗？活字文化要如何才能继续存活？

发行量低迷，

美日报业同陷困境

二零零八年发行《洛杉矶时报》等的论坛社经营出现破绽，而名门的《华盛顿邮报》或《纽约时报》也都叫苦连天。《华盛顿邮报》甚至关闭了美国全部的办事处，《纽约时报》则还好及时出现贵人，有位墨西哥富翁出资而回避了危机。报社如果没有私人援助，就需要政府援助，但许多媒体都很惨，只援助报社也不公平。不过至今的时代都是有值得信赖的大报社提供报道，来作为社会共同了解的基础，今后少了这样的基础，岂不很恐怖。事实也证明，许多地方县市或美国的州等，因为地方报消失而失去了监督行政的一大力量，导致贪污等行为泛滥。但也有看法认为，新闻只要 NPO 化不就好了，但事实上优质的报道是很费钱费力的，尤其真正的调查报道若非庞大财力支援无法做到，NPO 化或无纸化，是否能维持目前的水平，令人怀疑。

现在，美国已逐渐加强新闻全面电子化而收费的趋势，尤其是终端的阅读硬件比以前进步、便宜，电池续航力问题也几乎都克服了，越来越适合电子报送讯。美国报业可望大举展开网络送讯，把报纸电子化，而日本呢？

日本报社虽然跟美国不同，对广告的依赖比率没有那么高，加上送报到家的制度，让大报社至今仍维持上千万或数百万报份，而且社区关系密切，报纸要消失或许还需要相当的时间。但各报社现在也都经营得相当艰苦，全盘陷入结构性不景气。像《读卖新闻》二零零九年虽然还死守住一千万份发行量，但广告收入减少两百亿日元，较前年度减少百分之十七，跟《朝日新闻》一样。《朝日新闻》现在号称有八百万份，二零零九年三月的经营是赤字，主要是因为发行量低迷而且广告不景气。报业甚至比出版业界还惨，眼看广告减少的状况恐怕将会持续，而且完全看不见谷底。

日本报业的两大报都如此凄惨，排名第三的《日本经济新闻》二零零九年九月的中期结算也是首次陷于赤字，《每日新闻》、《产经新闻》更惨，不仅年终发不到一个月，经费等也都减少，对采访有所影响，二零零九年实施提前优退，有一百人离开。

广告剧减、网络兴起，
报纸饱受夹击

其实除了广告是报社陷入苦境的原因，网络版新闻也动摇报纸的基础，不论报社或通讯社只好都推出免费电子报，以备完全电子化时代来临，并期待能从此吸收到读者。早期《日本经济新闻》的电子报还因而吸收到订户，但最近免费信息非常多，而年轻人并没有付费阅读信息的习惯。尤其像日本最大的门户网站"日本雅虎"所提供的雅虎新闻，编辑部只有二十人，根本不去采访，而只是把全日本一百五十家报社、通讯社、杂志社、网络新闻社等提供的消息加以筛选，会放出来的有八成是大报、通讯社的新闻。贴在雅虎新闻

上的报道是会贴出出处网站的，算是与报社、通讯社共存的一种方式，每个月的点阅数达四十二亿人次，堪称超大势力，各报社、通讯社只好跟他们合作。

但是以报社、通讯社的立场来看，花了相当经费辛苦采访到的报道，都免费让雅虎使用，实在令人气结；而自己报社的网站根本没什么点阅数，当然也收不到广告费。美国《华盛顿邮报》的副社长雷纳·唐尼在日本表示，美国的报社免费提供新闻给草创时期的雅虎集团，而导致了经营上的致命伤；当初认为如果网络广告成长，可以填补报纸广告减少的份额，但事实上网络广告单价很低，量又少得让人绝望。但即使报社觉得苦不堪言，网络仍是来势汹汹，日本的阅报率从日本网络元年的一九九五年开始下跌，年轻人都只是在网络上查阅一下新闻就很满足，对于分析或调查报道没有那么大的兴趣。

发行量低迷，广告也剧减，最近这十年更是减半。这并非只因为不景气，而是广告媒体多样化，客户不再只是依赖报纸了，有各种机能的双向网络广告确实威胁着单向的平面广告；而且连客户也自设网站来宣传，自然会减少分发给报纸的广告量。

《日经》抢头香，
攻入电子报市场

《日本经济新闻》在二零一零年一月三日头版刊载该报公告："日经将创电子版，活用网络特性，不分早晚报，因应数位时代，二十四小时发讯报道最新信息。"但《日经》这份新电子报是要收费的，于

二零一零年四月开始，是日本大报首次发行收费电子报的尝试。

《日经》电子报的特点是二十四小时发讯外，还会加强customize（客户自设规格）机能，根据快报而迅速加以分析，用户能根据自己的兴趣而自由设定网站。由于消息是生鲜食品，网络在速度或成本上相当有利，其他各报都在观望《日经》的成果。

目前也积极进行电子报化的是《产经新闻》，这是各大报的数位部门唯一还赚钱的报社，如今也加紧摸索，搜集各种相关信息，因为若等《日经》成功再出手就很麻烦。日经电子化比较有利，是因为《日经》本身专卖店很少，大都委托《朝日》或地方报等来派送，而且经济新闻原本也比较容易收费；相对于此，规模很大而其后有大批贩卖店的《读卖》、《朝日》等就很动弹不得。

报社若真的消失了，社会没有热情调查、报道真相的记者，没有足以跟权力抗衡的媒体存在，其实是很恐怖的。然而，没有尝过报纸正义的年轻人，根本不觉得没报纸会有缺憾，不会觉得需要成为社会认识基础的报纸，这才是报纸真正的危机！

出版大崩溃真的来了？

> 杂志广告低迷显著化，
> 网络隆盛时代带来资讯多样化，
> 出版业界顶上乌云越来越密布。
> 加上在电子书的世界里，
> 读者不太在乎品牌或知名度，
> 而只看作品本身，出版业界是否会出局，
> 要看能不能想出一套新出路、新定位了。

日本出版界不景气的“出版不况”最近很少被提起，因为业界都已经认清楚出版界的不景气是一种结构性不景气。但二零零八年金融海啸之后，问题变本加厉，杂志广告低迷显著化，网络隆盛时代带来信息多样化，业界顶上乌云越来越密布，到处都听到“那家也倒了”或是“《东京一周间》和《Hanako West》这些老杂志都要休刊了”等消息；出版手艺书籍的老出版社《雄鸡社》也倒闭了或是光文社每年的赤字也有五十亿日元，进入破产前夕，连带让母公司讲谈社也出现经营危机，只好大举裁员以及相继停掉几本杂志，坏消息连连。

最让出版界心惊胆跳的还是Amazon的kindle跟苹果的iPad等电子阅读器问世，电子书籍将可能全面普及，而出版界将遭遇什么样的冲击与变革？十几年前日本曾经闹过一次“出版大崩溃”的恐慌，这次真的来临了吗？

网络取代杂志，
出版业界处境艰难

专门提供美食、购物等消费讯息的信息周刊《东京一周间》在巅峰期曾创下三十万本销量，《Hanko West》为十六万本，现在则只剩半数以下，主要是因为网络提供了太多免费的美食、购物消息，消费者不需要特别花钱去买杂志，出版界传统提供信息的方式面临相当考验。电子书籍的市场明确地在扩大，东京电车上看书的人减少，却有装扮入时的女性拿着iPad在阅读京极夏彦的小说。这让人觉得也很有道理，因为京极的小说都是又厚又重，如果拿电子阅读器就能很优雅、神气地阅读。其他如村上春树的《1Q84》虽然卖了很多，但各界都怀疑买是买了，真正读的人到底有多少——至少在电车上没看见有人读，但若是电子书籍化或许真正读的人反而可能增加。

日本出版界现在到底有什么问题呢？根据日本出版科学研究所调查显示，日本出版界一九九六年达到最巅峰，销售规模达二兆六千五百六十三亿日元，其后逐年下降，到了二零零九年就跌破两兆大关，只剩一兆九千六百三十三亿日元，而且退书率达百分之四十，因此出版现场的工作者备受打击。像几家中坚出版社，都

是从二零零五年前起就停止定期加薪，甚至还年中删减，如果不换工作，眼看这辈子薪水只有减少而不可能增加。而且加班时间的上限随年资而设限，即使升官，薪水也几乎不增加。

许多自由作家都抱怨，从二零零七年起，许多出版社的稿费都不断下降，年收少了两成，二零一零年则更惨，许多同业抢食有限的份额，许多主编都失业，也有专接大出版公司外包的编辑制作公司招募打工者，居然有两位四十几岁曾任杂志总编辑的人来应征。如果还留在出版界，要找到工作不易，许多失业主编等都转行去别的业界。许多大书店店员也感慨，每天都有大量新书进来，只能配合销路决定哪些该下架，都成了很机械性的作业；有些书明明是好书，却也不到一周就得下架，不见踪影。不少店员是因为爱书而进入这个世界，但这种无奈的事一直在发生，现在看什么书都觉得一样。

资金压力逼迫出版社供应过剩、削减预算

日本出版的新书每年不断增加，二零零九年推出七万本、八千五百五十五种新书，

让人不解，书卖不好，为何新书出版又增加？其实这跟台湾很像，许多出版社不断出新书，新书交给图书经销商时，可以先收到书款，半年后才来结算退书，而不是采取“销结款”方式，因此不管书是否卖得出去，只要发新书，就能换取资金，而因为书可以换钱，也就形成供应过剩现象。

事实上退书率升高，收入减少，不得不裁员，导致许多人失业，没失业的则因滥发新书而造成过劳，越来越吃紧，有的人每天工作

十七小时或连续二十天都睡在公司，没法回家。但出版业界规模缩小，无法描绘光明的未来，现场发生许多“残酷物语”，有的著名出版社甚至只好下海，去帮普通人做自费出版来赚点零星收入。

许多大出版社现在都靠漫画以及漫画衍生的电影、动画、小钢珠等来赚钱，许多杂志相继休刊，人手过多，很难裁掉的正社员都挤到还有收入的漫画部门。但漫画本身也在衰颓中，变成主编过多，只好出些赔钱的新作家增刊本等，而许多高薪的资深社员没事可做，每天只是接接电话，尾端低薪的雇员则忙得要死。

以前很阔气的著名服饰杂志，因为广告收入大减，只有节省制作经费，逼迫承包的编辑制作公司勒紧腰带，像造型师等都用新人而不付费，甚至连模特儿钱也省，表示尽量用应征新人或身边认识的帅哥等，摄影棚也租不起，要拍的商品等只好在小办公室的一角完成，简陋无比，让人觉得许多服饰杂志、消费流行杂志都出现末期病征了。

电子书市场，
挑战出版社的存在意义

许多出版社想要解决经营危机，强迫员工“发现第二个村上春树（因为春树是摇钱树）”或“模仿别的杂志也行，总之要拼发行量”等许多无厘头想法，让人哑然无语，条件如此恶劣，一天要重新打造罗马，当然不可能。最可怕的还是 iPad 等上市，作家或许以后直接跟 Amazon 或 Apple 订约就好了，根本不需要出版社。

现在许多出版社非常不安，但多少乐观认为至少未来十五到

二十年，纸张书籍和电子书应该能够并存。二零一零年三月日本出版社成立了“日本电子书籍出版社协会”（简称“电书协”），以纸张与数位共存为目标，但实际上电子书普及速度如何仍是未知数，主要是看 iPad 等销量，也可能不需要二十年，而是十二年甚至十年以下，纸张书籍就面临世代交替的危机，出版社逐渐变成作家代理商，最后则可能遭到淘汰。

此外，在电子书世界里，读者不太在乎杂志品牌或作者知名度，而只看作品本身，对于读者、作者而言，新的文化开始了，出版业界是否会出局，就要看能不能想出一套新出路、新定位，否则出版这次真的要崩溃了。

中国大举出手买日本！

中国一直被称为“没有品牌的世界工厂”，
亦即有生产力，但没有自己的品牌。
如今中国通过并购来提升品牌力，
就像联想并购 IBM 一样，等于是为自己买品牌了，
但以前日本企业从没想过，
中国钱会买到日本来。

东京在二零一零年传出相当震撼的消息：中国纺织业大厂山东如意科技集团，出资四十亿日元取得日本东证主板上市的老牌服饰厂家 Renown 百分之四十一点一八的股份，成为最大股东，将派出三位董事到日本来。中国企业最近不断加强并购外国企业，日本企业也成为重要的对象，这次因为连上场的老铺企业都买了，让人开始关心，中国钱下一步要买哪里？

中国一直有生产力，但没有自己的品牌，此现在通过并购来提升品牌力，就像联想并购 IBM 一样，等于是为自己买品牌了，但以前日本企业从没想过，中国钱会买到日本来。

中国大刀阔斧，并购日本老铺企业

最近中国企业加速并购日本企业，像是中国动向已经买了生产体育服装，尤其是擅长生产滑雪服饰的 pheonix（凤凰），但中国动向并购 pheonix 只是第一步，因为中国动向原本就和日本的 pheonix 及意大利的 BasicNet 共同拥有服饰大品牌 Kappa，如此一来，动向不仅拥有 pheonix，也等于拥有 Kappa。

其他还有二零零九年七月，苏宁电器买了日本非常大的家电连锁店 Laox。Laox 前身是一九三零年创业的谷口商店，在日本也是老铺企业，曾经是名列前茅的家电量贩店，但后来因为计算机贩卖不振，大型店出店失败以及量贩店竞争中落后，经营陷入困境，因此把所有郊外大型店等都让给苏宁电器，现在是由中国出身的罗怡文社长负责，打算把所有的店都变成针对中国观光客而设的免税电器量贩店。因为现在前来日本的中国观光客已超过一百万人，日本政府还打算继续放宽中国人来日本观光的门槛，只要有信用卡金卡就可以，不再以年收入来设限，预计每年可能会有高达六百万中国人来日本，Laox 今后就打算赚中国同胞的钱。

其他像二零一零年一月，中国浙江机械设备厂家的宁波韵升，以九千二百二十万收购日兴电机工业约百分之八十的股份。日兴电机工业是位于神奈川县秦野市的一家汽车零配件公司，量产五十铃汽车的新型电装品。该公司成立于一九三三年，在一九九九年因市场萎缩而面临困境，并且遭法院接管；二零零一年，大和证券并购了这家股票下市的公司，而另外找买主，结果是中国企业有兴趣。宁波韵升只是派出五名董事，一切经营都还是委托原来的日本人，他们只是想借并购而取得汽车电装的技术，缩减自己开发所需的费用与时间。

二零一零年二月二十三日，生产高级高尔夫球杆的日本“本间高尔夫”，宣布将被中国零售企业出资成立的“Marlion 控股基金”并购。本间因经营困难，于二零零五年被法院接管，日本因少子化、高龄化，而且年轻人打高尔夫球的人口大为减少，今后只能期待有十三亿人口的中国大陆市场。本间和日兴一样都是经历破产，而让中国伸出援手的日本企业，像日兴电机的两百名员工也因此确保了工作机会。

山东如意并购 Renown 也是一样。Renown 在二零一零年的二月期连接决算，连续四期都出现纯损失，业绩持续低迷。Renown 虽然把自己旗下比较赚钱的子公司，生产高级女性服饰的 LEILIAN 卖掉，但要重建非常困难，而日本国内没有企业要救济 Renown，只好交给中国企业了。

Renown 旗下的超级大名牌很多，像是雨伞标志的 arnold palmer、西装顶尖品牌的 Durban、一九九零年并购的英国老牌子 Aquascutum、Simple-life、HIROKO KOSHINO、micmac 等，因此这对山东如意而言是很划算的一次采购。山东如意的邱亚夫董事长表示，Renown 是拥有很高技术力且历史悠久的成衣品牌，双方以自己专擅的部分合作，开拓中日两国市场；Renown 的北畑稔社长也表示要通过合作以跟上中国市场的成长，而根本转换为有盈余的黑字企业。

中国并购的意图，着眼于技术和品牌

中国企业大举并购日本企业的主要目的是在于技术与品牌，二零零九年便达一百六十八亿日元，是二零零八年的四倍，二零零七年的二十倍。日本企业技术水平高，但因为股票低迷，相对于世界其他品牌而言非常便宜，就跟日本房地产现在暴跌，也是相对于其他国家而言很划算，因此今后这类“买日本”的可能性还是很大，日本自己觉得不怎么样的品牌或是已经无力去援救、维持的技术，都会让中国捡便宜买走。

比较令人关心的是，中国今后还打算买日本的哪一类企业呢？一般认为中国最想买的是化妆品、珠宝服饰以及百货店三个业种，这是因为在中国，日本化妆品非常有人气，认为比较适合东方人肌肤。不过中国人心中的化妆品牌顺位未必跟日本人一样，中国人除了资生堂之外或许更爱 Fancl、KOSE、Novia 以及男性化妆品 mandom 等或是护发化妆品的 MILBON、专门生产香料的最大厂家高莎香料等，现在都成了中国企业物色的对象。

中国现正处于泡沫经济期，日本也是在泡沫经济时代化妆品及珠宝、服饰都非常畅销，当今中国的消费趋势彷如二十年前的日本，所以日本因为消费裹足不前而受苦受难的百货公司，也成为中国的目标，尤其在中国名气很大的三越，中国资金非常感兴趣。就像埃及富豪法耶兹买的英国老铺百货公司哈罗德（Harrods），以巨额价格卖给卡塔尔政府系的基金，有钱的新兴势力都很喜欢买百货公司；而百货公司在日本或英国等先进国家，则被认为是过气的夕阳产业，没有人想接收，因此只要稍微肯出价，都会让出来的。

此外，中国也想买比较不拿手的精密机器及光学机器厂家。有些不想让中国入主的日本企业都战战兢兢，担心股价太低时遭并购；因为中国来并购，其实还是有经营上的文化差异等问题，很难解决，以后是否能顺利营运也还是未知数。

日本政界的世袭遏止得了吗？

虽然世袭政治家并非全都不好，

也有些世袭者拥有相当的政治家资质，

但因为世袭而让其他人才很难进军政界，

会剥夺政治的活力、跃动感，

以及改革的可能性。尤其政党承认世袭，

更让人觉得是肯定这些既得权益。

日本政界二零零九年起一直燃起有关“限制世袭”的论争，尤其民主党党魁小泽一郎的秘书涉及违法献金而遭逮捕事件，让民主党形象大伤，所以想从“禁止世袭”来争取国民的支持。虽然小泽本人或是曾任首相的鸠山由纪夫，也都是世袭的政治家，小泽是二世，鸠山是四世，民主党本身也是每七人就有一人世袭，但比起来更怕提到世袭问题的是自民党，因为自民党的国会议员有四成都是世袭议员。尤其近来的自民党首相都是世袭，自民党甚至不惜提出“限制世袭是违宪”的说法来抵抗，但日本的政治风土真的能遏止世袭吗？

二十三年来，平成年间的日本首相十三人中有九人是世袭国会议员，最近的四代是小泉纯一郎、安倍晋三、福田康夫、麻生太郎等，尤其革新形象的小泉居然还把地盘让给次男，让人吃惊，记忆犹新。日本许多民意调查都显示，有近七成的人反对政治家世袭，认为最不该世袭的就是政治，不能把政治当作家业来传接，只有不到一成的人对世袭不在乎。因此自民党选举对策副委员长菅义伟对此很有危机感，认为："如果自民党不下点决心来割舍这些世袭利益，则无法打赢选战！"

民主党提出"限制世袭"作为选举对策

日本因为选举需要三"ban"——地盘（tiban）、广告牌（kanban）、皮包（kaban），亦即后援会组织、知名度及资金力，现在的世袭议员都是从父母或祖父、伯父等亲族继承这三ban，而直接接手成为候选人、当选，自民党、民主党里这类所谓的二世、三世议员比比皆是。二零零九年民主党决定，在众议员选举中限制世袭候选人，至少民主党本身不会提名，而且也在政党公约中明记将要立法限制世袭，禁止"继承亲族间的政治团体"。

民主党在二零零九年的禁止世袭多少被认为是选举对策，却是日本首次提出要改革世袭的想法。因为国民对于政治世袭长年以来都有很大的不满，认为是将政治私物化，整个社会因此越来越封建。而且世袭政治家大多表现很幼稚，尤其是自民党最后连三届的首相，安倍、福田是二世，麻生是三世，都显示世袭少爷误国的弊病严重，再不多加改革，国民的政治不信任将更加剧。舆论也对民主党这项"禁止世袭"的做法非常支持，认为所有政党都应该如此做才对。

自民党的菅义伟也是认为自民党做不到"禁止世袭"，但至少应该"限制世袭"。

菅提出的具体办法是：（1）限制直接从父母继承地盘，亦即限制从同一选区出马；（2）削减国会议员人数等，自民党应该以此来明示该党是有觉悟的。但是自民党党内持反对意见，像麻生首先就表示："出马都是有被选举权的人，要加以限制非常困难。"河村建夫也表示："人人都有候选自由、选举自由。"认为不可能立法来限制。

自民党抱着宪法盾牌主张反世袭

其他如已逝首相小渊惠三的女儿小渊优子，也是平白就继承父亲位子当上众议员，后来还当了少子化对策大臣，她表示："不应该从是否为世袭来判断好坏，而应该从工作内容来判断。"亦即反对限制世袭。其他如鸠山由纪夫的弟弟鸠山邦夫也同样是四世政治家，他也表示："限制世袭顶多能从政党内规来限制，而无法立法限制，否则会有违宪的问题。"亦即提出违宪说法来反对。

自民党另一位世袭议员，国土交通省大臣金子一义也大声反对，表示："讨论限制世袭本身没意义！"他的父亲是众议院议员而且曾任大藏大臣、经济企划厅长官的金子一平，这种世袭政治家自己大喊反对世袭更惹人反感。

虽然世袭政治家并非全都不好，也有些世袭者拥有相当的政治家资质、见识以及热情、能力，但因为世袭而让其他多种人才很难进军政界，剥夺了政治的活力、跃动感以及改革的可能性。尤其政党承认世袭，更让人觉得是肯定这些既得权益。

日本众议院法务局对于限制世袭者出马问题，也发表见解，认为可能会触犯宪法保障的"法律之前人人平等"以及"选择职业的自由"，所以自民党内也抬出这点来表示必须慎重。不过这虽然是法律上的见解，但是如果政党自己采取反世袭的姿态，并用党规来限制，其实一点问题也没有；反而是放置世袭不管，实质上才是以特权来妨碍普通人参政的机会，真正违反了"法律之前人人平等"的精神，而且妨碍普通人"选择职业的自由"。

世袭横行，
容易剥夺政治活力

自民党一直拿着"宪法"为盾牌而放置世袭不管，只会招来政治不信，也让人觉得自民党毫无改革的气概，而且自民党现在明明就因为世袭横行而呈现劣质化，欠缺人才问题严重。世袭政治家的最大问题是，从小就没人对他们的任性或问题发言加以纠正，而只会附和一番，因此安倍、福田都很轻易地说不做就不做，随便抛出政权不管，而麻生则连念错字也没人指正，遭世人嘲笑，跟裸体的国王一样。

民主党一直强调，"世袭让日本民主主义脆弱化"，借由世袭问题让民主党与自民党区隔化，亦即更为突显"不准世袭的民主"与"承认世袭的自民"的不同。而从二零零九年夏天的众议员选举起，该党已确定限制世袭者出马，条件是"三等亲之内都不得继承"，因此不仅父母等不行，连伯叔的地盘也不能继承。这个议题如果继续讨论下去，自民党或许将会从现在的暂时优势又沦为劣势，但世袭问题是否真能缓解，在选举手法保守之至的日本，还存在很大的疑问。

日本名嘴的德性

日本脱口秀的名嘴表面上看似独立发言，

其实多少受到电视公司或制作人的暗示，

许多学者因为发言不中听，

可能几次之后就消失在电视机前了。

结果名嘴赖以生存的关键，

不是对于问题的分析实力或口才，

最重要的还是迎合节目的立场、倾向。

日本从一九九零年代中期，脱口秀节目开始大流行，也培养出许多名嘴，日文是以外来语“コメンテーター”(commentator)来称呼。有的名嘴还转战政坛成功，像现在的大阪知事桥下彻便是律师出身的名嘴；不过也有如经济学教授白石真澄参选千叶县知事，后来和支持政党民主党因为党的方针不合闹翻，以至于落选，而且得票数非常少，间接证明她人气不足，也因此从电视荧幕上消失了。

日本新闻秀节目的名嘴，原则上是由相关媒体集团的报社主笔或编辑委员等担任；至于普通的脱口秀节目，则原本就期待只是庶民声音的代言人，不大期待其以专家学者立场来发言，而且因为每天要面对许多临时发生的事，不管是谁只要坐上评论台，就会开始毫不负责地对演艺人员的八卦等说起话来。

脱口秀节目的兴起，是在一九九零年代中期发生奥姆真理教事件之后，电视台为了赚取收视率而积极谈起时事问题。尤其最近几年政治问题常成为焦点，许多节目也都有固定的政治倾向，日本虽然没有蓝绿阵营问题，但也有保守革新问题或是亲自民、亲民主等倾向，许多名嘴都是因为其一贯鲜明立场而被请来发言。通常节目中会邀请两种不同立场的人来讨论，出现对立的张力以吸引观众，像是讨论贫富差距问题，台湾出身的金美龄便常以保守派立场发言，她不承认现在有结构性差距存在，总是会举她的时代只要努力就会出头，但现在不管日本的政治家、经济学家也不得不承认日本社会两极化严重，类似金美龄立场的人非常少。

二零零零年，小泉纯一郎在政治表面舞台登场之后，日本政治剧场化，观众认为甚至比艺人八卦更有趣，因此脱口秀节目也大量讨论政治，各种不同立场的国会议员等政治家都出现在电视里，当起名嘴来。尤其是二零零一年小泉执政，以及二零零二年突然举行的日本朝鲜高峰会谈等，日本人在战后遭朝鲜绑架问题成为焦点，电视上等于每天都在搬演政治所造成的真实天伦悲剧，结果政客名嘴大量、急遽地增加，像是二零零七年国会议员所得报告书即显示，在电视上演出的国会议员暴增为一百零六人，创下过去十年来的新高。

这些名嘴表面上看来似乎独立发言，但其实多少受到电视公司或制作人等的暗示或是制作单位会挑选立场和节目接近的人，让他们对外发言，又可以回避责任，电视公司或制作单位可以装成中立的样子，以防遭观众或社会唾弃。因此看节目选的名嘴，便可以知道该电视公司的政治倾向。甚至在二零零七年十月，为了拳击手龟田兄弟的违规处分问题，TBS 电视台还曾拟定草稿要名嘴照念。

启用国会议员当名嘴，其实抵触了日本放送法有关不偏不倚的规定，而电视公司缓解这种批判的方法，是每一个政党都会邀请一位，维持表面平衡。事实上现在不仅民营电视，连 NHK 也经常找国会议员上节目来评论了。这种做法当然有问题，原本是政局当事人却又成为假装客观的评论者，这是很矛盾的；而且国会议员放弃原本身为政治家的工作与责任，大赚演出费，也非常奇怪。

不过，日本电视脱口秀节目跟台湾比较不同的是，日本节目还是会制作相关的许多采访以及整理各种新闻的背景、问题的历史等，节目还会帮名嘴做好许多基本功课。我在二零零零年时也曾有半年的时间担任日本经济新闻系的九十分钟脱口秀节目评论员，也曾上过朝日电视台的脱口秀节目，依据当时的经验，日本的制作单位在每次节目要播出至少三天前，都会先传来要讨论题目的相关参考资料，让评论员有所了解，而且每天十点开始的节目，从早上八点就要开会讨论今天会放进去的新闻等，事先都经过严密的确认。

后来，我在台湾上脱口秀节目时，对于制作单位几乎什么功课都不做，全靠名嘴来说问题的背景等做法，非常惊讶。事实上，名嘴常会犯许多记忆上的错误或是在立场上故意歪曲，基于许多错误的事实而展开讨论是很可怕的。日本脱口秀节目里虽然有许多名嘴的发言也很不负责任，但基本事实都会先行调查，并调出相关影片，不会万事都靠名嘴凭空来说。而且台湾的许多脱口秀节目，来宾都是到了现场要录像前几分钟才知道等下要录什么，亦即制作单位应该做的准备，在台湾非常少见；而且一天录制多集，许多主持人也是在下一集节目要开录前才得知主题、内容等，跟名嘴一样全仰赖临场能力居多。

现在在日本会成为名嘴的还有记者、作家、学者、评论家、前检察官、前警官、漫画家、小说家、电影导演、化妆师、造型师、同志艺人或同志影评家等。许多政治学者或经济学者，因为发言不中听，可能几次之后就消失在电视机前了，结果名嘴赖以生存的关键，不是对于问题的分析实力或口才，最重要的还是迎合制作人或主持人的立场、倾向，有时候连观众都看得出那种谄媚、迎合的表情。不过因为能在电视曝光、建立知名度，实质上也等于相当的利益，例如有的评论员因此著书大卖或是开的餐厅生意兴隆，谁也不敢轻易得罪制作人或主持人或是给节目制作内容难堪等。

来自地方的大反叛

许多政治家的改革或有特色的行政手法，
自民党或民主党长久以来都无法做到，
而河村虽然只是名古屋市长，
却一一实现了，让日本国民觉得，
政治或许出现了新契机。
天变地动无法从安享政治权益的中央开始，
但从地方则确实起步了。

二零一零年二月二十一日《朝日新闻》头版头条公布最新民调，民主党菅直人内阁支持率只有百分之二十，是二零零九年六月组阁以来最低的支持率，而不支持率则创新高达百分之六十二，有百分之四十九的人要求菅直人赶快下台，显见日本国民对民主党失望透顶。但另一方面，当前最大在野党的自民党支持率也并未因此上升，自民党老腐陈旧，而且党魁谷垣像是只想保住自己宝座的上班族，毫无魄力可言。

国民对两大党都很厌倦，于是从地方开始反叛，二零一零年二月六日在爱知县及名古屋市投开票的爱知县知事与名古屋市长选举，亦即俗称的“爱知双选”，不归属于自民或民主等任何政党的大村秀章与河村隆之，均以超高票获得压倒性胜利，算是给两大党颜色看了。其他纷纷想跟此一“村村联合”携手的政治家也相继出现，像现在走投无路的民主党前干事长小泽一郎、前总务大臣原口一博或是大阪府知事桥下彻等，也想跟“村村联合”靠拢或看齐，地方的反叛已经开始逐渐影响中央政治，至少民主党内部已经四分五裂了。

无党派“村村联合”，
冲击两大党势力

“村村联合”大胜最大的意义，是河村隆之（河村たかし）原本为民主党出身，而且在名古屋市拥有绝高人气，但是民主党干事长冈田却故意忽视这一点，在名古屋也提名候选人来跟河村竞争。结果民主党的候选人惨败，河村人气无法挡，连出马竞选爱知县知事的大村，也是河村来帮他抬轿，因此当选。大村原本是自民党的国会议员，自民党也故意在爱知提名候选人跟他作对，但“村村联合”通过电视等媒体报道，有关的减税主张等得到爱知县民支持，大村也高票当选。村村当选让两大党的权威扫地，也显示民意已经对两大党厌倦至极。

河村拥立大村成功之后，在二零一零年四月地方选举时，也在三重县拥立人选，干事长冈田虽然表示河村不构成威胁：“河村获得绝大支持的理由是打破了名古屋市议会的闭塞感，但三重县县议会的改革度最高，应该不会重演名古屋的状况！”但河村在爱知双选造成的大胜，已经让两大党对他很心生惧怕。

河村虽然原本是民主党连任五届的众议员，上届（二零零九年）名古屋市长选举时是民主党提名他而告当选的，但中小企业经营者出身的河村，想法跟官僚出身的冈田正好相反，两人算是宿敌，冈田各种细节都要求河村要遵守党议的拘束，而要求松绑的河村则跟他不断冲突。在冈田出任党魁时，河村也曾想出马竞选党魁和冈田对抗，但河村现在不仅在名古屋享有人气，在日本全国也很受欢迎，连民主党内部都认为冈田不应该故意与他为敌，硬把他排挤到民主党外去。结果证明冈田大错，而自掘坟墓，断送今后的政治前途。

河村带头删减官议员薪资，获得全日本喝彩

河村和大村共同的选举公约是要减税，河村又深受市民欢迎，而且二月六日的选举是“两首长选举，三投票”，另一项投票是由市民决定是否要解散当前老是跟河村作对的市议会，结果赞成票为反对票的三倍，河村的解散主张也获得绝大支持。

河村之所以变得如此有影响力，除了他公开承诺要降低居民税百分之十，让名古屋成为全国税金最便宜的城市，最主要的是他主张政治家应该要志工化，以及不管是民选的行政首长或市议员、国会议员，都不应该领大把银子。

河村以身作则，在当选市长后，便马上把自己的年薪从二千七百五十万日元减少为八百万日元。虽然河村的妻子很生气，但他认为这是第一步，政治家不应该拿政治作为赚钱谋生的职业或是当家业来继承，而应该是志工才对。然后他提出，市议员根本没

必要拿到两千万日元以上的薪水，议员人数也不需要七十五人，主张市议会要大行改革，把议员人数减半至三十八人左右，年薪则至少从当前的一千五百二十万日元减少为八百二十万日元左右，同时废止其实都让市议员吃喝玩乐的政务调查费六百万日元。如果实现的话，至少每年可以节约十二亿七千万日元，对于现在财政赤字严重的名古屋来说，是很重要的节约。

议员不需要那么多人，也不需要拿那么多钱，这从外国的例子也可获得相当支持，像纽约有八百三十万人口，市议员只有五十一人；而七百五十万人口的伦敦只有二十五人，三百八十五万人口的洛杉矶则是十五人。名古屋只有二百二十五万人，市议员却高达七十五人，报酬也是世界主要都市议员收入的十倍，非常不合理。河村因为要减税，又要削减市议员人数和报酬，市议会当然不断跟他作对，但河村的主张获得市民及日本全国国民的喝彩。日本不管地方或中央，议员人数都过多，而且拿取过高报酬，像是根本没什么事的东京二十三区区议员，也能拿一千两百万日元以上的报酬。

新派政治家的行动力，提供另一种选择

河村的主张是政治家不应该被当成职业、家业，而且主张删减报酬，获得各方的支持。因为国民原本也期待民主党能进行类似改革，从删减公务员及国会议员等的人数、报酬开始，但菅直人内阁全被官僚牵着鼻子走，丝毫也没想到删减自己或其他国会议员的报酬；尤其参议院的功能不明，废止也不足为惜，许多国会议员或市议员

等每年浪费庞大的公帑到国外考察，实质都是观光，还要劳动当地使馆接待等。

关于政治家的改革或是其他许多具有特色的行政手法，过去的自民党或现在的民主党都无法做到，河村虽然只是名古屋市长，却一一实现了，也因此他拥立的大村同样高票当选。虽然有些爱知县选民表示自己收入不多，大村主张的减税自己受惠有限，但还是投给大村，除了大村和河村一样原本也是国会议员，在国政层次有相当业绩，主要也是因为大村从自民党跳出来，行动力的本身让人觉得有魅力，让人觉得除了两大党之外，还有别的选择，打破当前闭塞的状态。由于有爱知"村村联合"的例子，让日本国民觉得政治或许出现了新的契机，天变地动，无法从安享政治权益的中央开始，但从地方则确实开始了。

比较可惜的是率先反叛的河村的"减税日本"，在二零一一年四月十一日地方选中提名四十三人，当选十八人，静冈知事选也选输自民党，虽然不算是特别好的成绩，但因为建党才几个月，也算善斗。河村的新党之所以没有大鸣大放，是由于复兴需要增税，减税在震灾前让选民非常兴奋，但震灾后日本百废待举，需要大笔资金，减税变成让人觉得不够实际，才差一个多月，选民感觉大变，所以缴出来的成绩单不如大阪知事桥下彻。

日本都道府县大评分（上）

日本从战后实施地方自治至今，
有些县知事长期由保守政党当选，
也有的县改革精神比较强烈，
长年都是支持革新派政治家。
各地行政是否因而出现不同结果？
哪个县最穷？哪个县最富？
哪个县的生活满足度又是最高？

台湾每年有超过一百万人来日本观光，深入各地方县市，套句日文说，就是全日本"津津浦浦"都有台湾观光客；不过去观光时虽然好奇，但未必能马上识破这些县到底是贫是富或是生活满足度的高低如何。日本从战后一九四七年实施地方自治至今，已经有近三百人当选过县知事，有的是自民党等保守政党支持或提名当选的，也有的县改革精神比较强烈，长年都是由反自民党的革新派政治家当选，各地行政是否因此而出现不同结果？还有，许多贫穷的县是靠核电补助过日子的，是否每个县市都有本难念的经？

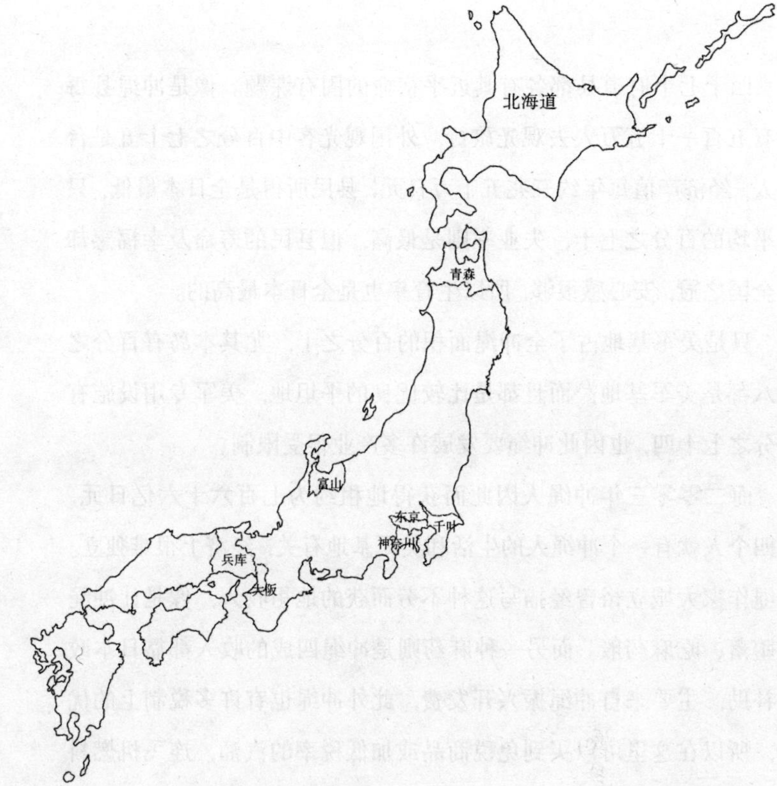
北海道
青森
富山
东京
千叶
神奈川
兵库
大阪
冲绳

冲绳县：寿命和幸福感最高，却也渴望经济独立

四十七个府道县都各有其近乎宿命的固有课题。像是冲绳县每年有五百一十五万人去观光旅行，外国观光客中百分之七十五是台湾人，经济产值每年约三兆五千万日元；县民所得是全日本最低，只有平均的百分之七十，失业率则是最高，但县民的寿命及幸福感却居全国之冠，安心感很够，所以生育率也是全日本最高的。

只是美军基地占了全冲绳面积的百分之十，尤其本岛有百分之十八都是美军基地，而且都是比较优良的平坦地，美军专用设施有百分之七十四，也因此冲绳要发展许多产业很受限制。

而二零零三年冲绳人因此而获得地租约为七百六十六亿日元，每四个人就有一个冲绳人的生活和美军基地有关，经济上很难独立。冲绳作家大城立裕曾经描写这种不劳而获的地租收入，像是让冲绳人堕落、吃麻药般；而另一种麻药则是冲绳四成的收入都靠日本政府补助，主要来自冲绳振兴开发费，此外冲绳也有许多税制上的优惠，所以在这里可以买到免税商品或加低税率的汽油，连飞机燃料税也是其他机场的一半。但若要冲绳人选择或许他们还是想要有尊严、无基地的经济独立，这个课题一直困扰着冲绳人。

北海道：经济低迷，政治对峙强烈

另一个台湾观光客超爱的北海道，每年四十三万外国观光客中，有半数以上是台湾人。北海道是全日本唯一最高的“道”级地方自

治体，也是经济相当低迷的地方，二零一零年度累积债务存底已达五兆七千亿日元左右，财政力指数只有零点三八零四六（都道府县平均为零点四六），全日本从煤矿想转型为观光失败的夕张市就在北海道，重建复兴依然遥遥无期。

北海道至今还是政治对峙意识相当强烈的地方，像是自民党与社会党对立的所谓“（一九）五五体制”，在政治斗争非常激烈的东京永田町政界早已成为死语，但在北海道还是十分日常。一九八三年，此地曾经出现著名的社会党道知事横路孝弘，他连任三届之后，九五年的接班人也是他的副知事，算起来有十六年都是由在野党负责北海道行政。不过横路为求连任，逐渐向自民党路线靠拢，政策上也多所转变，例如同意增设核电等，原本一度想摆脱对中央拨付公共工程补助的依赖，但还是又去吃回头草，显然北海道只靠农产、观光支撑，还是非常辛苦。

现任女知事高桥春美，是经产省官员出身，原本期待她能有手腕挽回颓势，但要改善相当不容易；不过二零一一年四月的改选，她再度连任。北海道札幌闹区的薄野许多酒廊等，在金融海啸之后更为萧条，有大批年轻女人都到东京打天下了。北海道结婚率低，离婚率高，离婚率仅次于冲绳、大阪，是日本第三位，也是家族概念比较稀薄的地方。北国女人爱恨强烈，据说也比较自由奔放。

青森：艺术家故乡，同时也是核电县

离北海道不远、盛产苹果的青森，也是作家太宰治、艺术大师奈良美智等人的故乡。青森人好政治斗争，全日本至今只有这里还没有中央官僚来当过县知事。许多穷县都喜欢选中央官僚当头，以利用其与中央的管道而争取预算，但青森人则不管。青森政治版图主要分为靠日本海的旧津轻藩以及靠太平洋的南部藩，而大抵都是津轻藩的人当选县知事。

津轻有两大名家津岛与竹内，津岛的祖先津岛文治从众议员转而当选第一代知事，他是大地主，太宰治就是他的亲弟弟。青森产业都是农、渔等第一次产业，相当贫穷，后来竹内家族出身的县知事开始引进核电，尤其下北半岛的核电设施相当集中，除了五处核电外，还有著名的六所村核燃料再生设施等，是相当依赖核电补助的县。

其他靠核电补助的县，还有东寻坊所在的福井县、磐梯高原以及会津古城等所在的福岛县、茨城县等。也因此一位茨城县出身的搞笑女艺人便以“红 Plutonium（钸）”作为自己的艺名，而爆红过一阵子。福岛则因为核灾而让 Fukusima 闻名世界；福井的若狭一带有十三座原子炉，负担了大阪、京都等地的电力。

千叶：迪斯尼所在，一直是保守王国

成田机场及迪斯尼所在的千叶县，特产品其实是落花生，梨子产量是日本第一，农产品产量则为日本第二。千叶在政治上一直是保守王国，也因此滥行开发，高尔夫球场及宾馆比例都是全日本第一。二零零一年由于自民党分裂选举，才终于让革新派的堂本晓子当选，展开不妥协的独立路线，例如领先全国订定防止产业废物胡乱抛弃的“千叶产废条例”等，但也因为利害不同，而拒绝和神奈川县知事松泽成文联手对抗中央。

二零零九年由原为自民党的艺人森田健作当选知事，但森田其实没什么政策方针，只因堂本拒绝连任而让他获得良机，当选至今则为了各种不实申告，例如曾获得新兴宗教团体“幸福科学”支持，或选举经费其实是自民党支付，不断出现当选无效的控诉。不过看来当选之后要把他拉下台非常困难，只是连千叶县民也因此对森田县政不抱希望了。千叶县的浦安市因为是迪斯尼乐园所在地而相当闻名，但在三一一地震时也因为液状化而饱受房屋倾倒、水道断线和恶化等三重苦。

富山：满足度调查之冠，台湾人观光热点

日本每次调查生活丰裕度、满足度最高的，都是自民党王国的富山县，这里有台湾人近来非常爱去的白川乡合掌集落，为世界文化遗产，立山黑部山道等也是深受南国台湾人欢迎的观光景点。富山从明治以后就致力于工业化，但政治意识还是属于农村社会，由于调查是根据县民的持家率、上班通勤时间、文化设施及教育水平等来评估，该县县民长年都是日本表现最佳，也因此一位一九二七年生的中冲丰当了六任知事，直到二零零四年才因为中风下台，也是日本少见长期安定执政的知事！

二零一一年四月的东京都知事选举，
欠缺精彩人选，石原轻松连四任，
但前宫崎县知事东国原英夫也拿到
一百六十九万多的反石原选票。
当然也是东京遭受核灾辐射污染，
让人觉得此时需要有领导力的知事，
专制些也可以，才让石原够赢东国原，
否则他领先不到一百万选票。

神奈川：横滨和川崎两大城，加速政治开放脚步

日前，日本全国无党派最多的是神奈川县，这里以前也是保守地盘，尤其是现在众议院院长河野洋平所代表的河野一族，其他还有曾应岸信介之邀担任外相的藤山爱一郎，也培养了许多年轻政治家而在保守县政上留下痕迹。但因为县下两大城市横滨市的急遽都会化及川崎市的工业化，多党派化加速进行。县长宝座在战后连续七期二十八年都是保守派独占，但其后社会党等在野党抬出横滨国

立大学经济系系主任长洲一二，获得大胜，神奈川于是开始了长洲所提倡的“地方的时代”，他也连任五届县知事。其后虽然由自民党等提名的冈崎勉强当了两任，但马上又由标榜无党派、民主党议员出身的松泽成文当选。

松泽当初揭橥共组“首都圈连合”(神奈川、东京、埼玉、千叶)等，想建立“与中央抗战的新区域主权典范”，虽然设立了秘书处，但很难得到他县共鸣。不过松泽因为是无党派支持当选，对于中央比较敢放言批判，也有些独特的作风，像是制定了“防止被动喫烟条例”等，只是县议会中自民党仍是多数在野党，因此运作非常不容易。

然而，松泽在二零一一年四月地方选举时，原本想继承石原慎太郎的缺而辞掉神奈川知事，但因为宫崎前知事东国原英夫看石原不出马而打算出马，石原认为松泽不是东国原的对手，自己又投入选战，让松泽只好撤回，两头落空。结果曾任富士电视台主播的黑岩祐治高票当选神奈川知事，在当选当天便宣布要去核电，新成立普及太阳能发电的公司。

东京：石原知事连四任，作风魄力毁誉参半

东京都是首都、最接近中央的地方自治体，最近三任知事则都是国际知名且不断掀起风波的石原慎太郎。一九九五年，表示要阻止台场等东京大开发的参议员青岛幸男当选东京都知事，搞笑艺人横山诺克则当选大阪府知事，媒体连日大炒“东西当选无党派知事”，石原受此刺激，在知事选举揭晓后五天，于连续担任二十五年国会议员的表彰会上辞职，开始准备四年后的选举。石原对自民党及国

政都很失望，而想用都知事这个特殊职位来展现自己的政治观、国家观，表示要从东京发讯。

石原有些动作是非常成功的，像是柴油车不加过滤设备不能进入东京都，东京都真的因此空气大为改善，此外还有反对首都机能移转、分散等，所以二零零三年才会获得史上最高的三百零八万票。然而他趁着胜势大搞的其他动作也有许多是失败的，例如二零零三年标榜“东京发金融改革”，而成立所谓救济中小企业的“石原银行”新东京银行，结果累积赤字超过一千亿日元，其中也包括石原一些公私不分的做法，以及银行高干的贪污和散漫经营，问题非常多。

从一九九九年至今的十多年间，石原在教育等方面虽然有改革高中、提升学力等做法受都民欢迎，但另一方面他也因为自己右倾的想法，而加强对教职员等的管制，强迫公立学校在入学典礼、毕业典礼等升日本国旗、唱国歌，要聋哑学校使用右派所编辑的教科书等。其他像是他因为搞总统式集权行政，许多政策不透明或者重用或采购无名艺术家四男的作品，让他和亲友参与文化设施运作，个人旅行等也都动用公费，等于将都政私物化。他在二零一零年曾编列一千亿预算要去招揽奥运失败，也被认为是过时而和营造业勾结的做法。

二零一一年四月的东京都知事选举，欠缺精彩人选，石原轻松连四任，但前宫崎县知事东国原英夫也拿到一百六十九万多的反石原选票。喜欢箝制思想自由，根本不像是做创意工作——作家的石原慎太郎，拿着现任优势而强制自肃，让选举热不起来，自己却以现任身份展现行政能力，四处去视察。像是跑去喝曾受严重辐射污染的东京自来水，宣传效果十足；以及为了抢救核灾的消防队流泪，到官邸去骂菅直人，并威胁要处分经产大臣海江田万里，都是让他多拿了百万票的演出，效果绝佳。当然，也是因为东京遭受核灾辐射污染，让人觉得此时需要有效力、领导力的知事，专制些也可以，才让石原正好够赢东国原，否则他领先不到一百万票！

大阪：桥下时代来临，抗拒中央不合理剥削

至于大阪府，一九九五年诺克会当选知事，除了是因为关西人觉得会搞笑的人头脑很好之外，也是在选前，原知事中川和雄的后援会秘书长因为暗盘现金遭逮捕，有罪所致。但诺克因为在选举活动中性骚扰，而且在二零零零年被判有罪辞职下台，接着当选的则是曾任通产省审议官及冈山县副知事的太田房江，也是日本第一位女知事。原本期待她能重建长年低迷的关西经济，结果却是赤字累累，大阪财政濒临破产，在电视上走红的律师桥下彻因而当选。

桥下彻在二零零八年就宣言要削减一千亿日元赤字，也把现行知事退休金减半为四千一百七十六万日元，其他还包括削减大阪府职员薪资一成，撤废文化设施，少办文化活动，而且缩小、废止对于许多人权团体（如著名的“人权大阪”、“和平大阪”）的补助，果然达成初步削减目标，但也因此同时遭到批判。

最近，桥下彻又把目标对准中央政府，因为中央有许多建设计划都要地方负担相当比例的费用，每笔动辄数百亿日元，对地方而言十分惊人；而且有的支出不明不白，没有任何细部说明，甚至连中央部会要在大阪建设分支办公大楼等，也要财政非常吃力的地方分担，让桥下大为光火，大骂中央官员还活在江户时代，随时剥削地方，

要地方上缴巨额资金，地方政府至今敢怒不敢言。结果桥下这项中央不顾地方死活而强要分担的批判，在全国各地引起相当共鸣，其他许多县知事也相继批判中央这种居高临下的君王做法，也是地方自治的基本矛盾。

不过桥下的考验还在今后，关西经济是因为许多大企业总社都实质移转到东京而告空洞化，要改善很不容易，桥下并非经济专家，也不太有国际观，很难利用关西的地理位置来发展其他的贸易等产业。但是三一一地震之后，许多企业或许认为应该将部分机能疏散到关西去，大阪因此出现新的转机。

桥下彻的“大阪维新会”在二零一一年四月统一选中大跃进，打胜既有的民主、自民两大党，在一百零九名大阪府议员中获得五十七席，不仅成为第一大党，也是战后大阪府议会首次有政党单独过半——创下这个纪录的居然不是自民党或民主党，而是才建党一年的桥下新党，显示两大党时代已经从地方开始退潮了。

兵库：阪神震灾复兴县，但主政者领导魅力不足

兵库县在一九九五年阪神大地震之后，由原来自治省官僚的班底贝原俊民来负责赈灾复兴，由于对中央有管道，而在一九九八年通过“受灾者生活重建支援法”，每位灾民得以支领一百万日元，其他有关复兴的预算也比较容易取得。

现任知事井户敏三则是贝原时期的副知事，延续贝原路线，但由于他欠缺积极的领导力，对媒体的宣示力不足，在全国知事中也是没什么印象的人物，不像现在其他县市都靠高知名度的知事来当

县的最佳代言人。例如曾任宫崎县知事的东国原英夫是搞笑艺人，在任内便为该县带来数千亿日元的经济效果，因此在媒体时代，从媳妇熬出头的科班知事反而不受欢迎了。

PART3

社会潜望镜

日本人的爱社神话崩溃了

日本上班族每四人中就有一人，
完全没有归属意识，
对职场有着反感与不满。
主要是许多老式的职场主管，
和传统、不合理的管理方式，
剥夺了工作价值，连带削减爱社精神。

日本人一向被认为是全世界最爱公司的民族，“爱社精神”成为特殊的日本文化之一，但真相究竟如何？根据盖洛普调查世界十四个国家的上班族对公司的归属意识，发现日本是十四国里水平最低的，远不如美国、加拿大、德国，甚至还不如中国、智利等，让日本人自己也很震惊。但仔细想想，许多日本人也自觉工作的确没有什么值得之处，主要是许多老式的职场主管和传统、不合理的管理方式，剥夺了工作价值，连带削减爱社精神。

日本人对这样的结果很吃惊，不知道盖洛普的调查基准如何，因为日本人虽然自觉未必多爱公司，但都还以为日本企业最厉害的就是员工对公司有强烈的归属意识，以及工作时间长。但另外一个调查则显示，日本人的劳动时间其实不过跟美国、英国相同，让日本人大感意外，就像是有人“自觉长相不好，又不会搞笑讨好，唯一可取之处是诚实”，但现在居然连“诚实”都遭评定是最低水平。而且日本上班族每四人中就有一人是完全没有归属意识，对职场有着反感与不满。

不只是盖洛普，连NPO“GEWEL”的美、日工作意识比较调查也显示，日本只有百分之五十五点八的人喜欢自己现在工作的公司，而美国则有百分之七十九点八，日本人比美国人更不爱社。盖洛普分析指出，美国人如果不满公司，只要跳槽、换工作就好，但日本属于长期雇用倾向，只好忍耐；但盖洛普没搞清楚，日本人不爱社的原因更复杂，终身雇用反而是培养爱社精神的要因。

日本人变得不爱社的理由多多，主要是职场主管及管理方式使人无法接受，让工作无趣、无价值化。GEWEL调查也显示，日本人有过半都对当前职场的上司、同事的人际关系不满，而美国人则只有两成多，美国主管更懂得笼络部下人心，管理较合理。

日本人的不满，是主管只管表面不管实质，例如强要部下提出一天行动计划、检查部下手机使用量等，都是很无聊又藐视人格的管理。此外，随便喊部下为“阿零”或是不论大小琐事都要求一一随时报告，也削减了工作动力。

此外最近十年，许多人相信公司，却遭公司背叛，许多公司的营运状况自己在内部都不知道，反而是从媒体等才得知公司原来如此败坏，过度相信公司显然是错误的。结果自己的工作、事业只好自己维护，提高自己的技术力及市场价值，才是成功的第一要件，无法再期待公司会为自己做些什么，对工作或公司都会丧失归属意识及热情。加上日本公司里的工作很难让人获得对公司或社会有贡献的实感或是很难感受自己可以通过工作而成长，才会觉得工作不值得，要爱公司当然不容易了。

高薪三师行情大暴跌

风水轮流转，大好光景已成过去，
许多昔日无限荣耀光辉的职业，
如律师、会计师、牙医师等都行情大贬，
甚至沦为年收三百万日元以下的低收入阶层，
无法结婚、养家，非常凄惨，
在中下流里挣扎求生！

以前日本年轻人觉得，这辈子只要拿到一些高收入的国家考试资格，就可以高枕无忧，安心过一辈子不愁吃穿。但现在，许多昔日无限荣耀光辉的职业，如律师、会计师、牙医师等，都行情大贬，甚至沦为年收三百万日元以下的低收入阶层，无法结婚、养家，非常凄惨。行情下跌的还不只这三师，连带波及的还有药剂师或是人口减少及政府财政困难等而营造事少，导致建筑师也谋生不易。此外因为全球航空业竞争激烈，空姐、飞机驾驶等也不再是高薪收入，风水轮流转，许多人好不容易考到资格时，大好光景已成过去。

现在日本最蔚为话题的是牙医诊所比便利商店还多，而日本的便利商店有将近五万家，牙医诊所显然供应过剩，成为社会问题，被逼得也只好便利商店化，深夜营业，否则维持不下去。日本厚生劳动省指出，二零零八年的牙医人数约有十万，有三成年收不到四百万日元，两百万日元以下的也大有人在。不少牙医无力单独开业，但受雇的牙医诊所经营困难，每月三十万日元的固定薪水也改为抽成，越来越少，每个月都是二十万左右。许多诊所因为竞争激烈，要抢新客人不容易，只好设法提高病患“消费”单价，像是人工植牙或美容治疗等，不但昂贵而且不适用保险，都是现金收入。而且同样是假牙，如果是适用保险的金属牙冠则很便宜，所以都会劝客人采用瓷牙，有的牙医诊所院长甚至会要求牙医跟客人说：“牙齿跟内脏一样，你等于是在买脏器，多少贵一点，也要选好一点的才安心！”硬是推销昂贵的材料。许多牙医师夜间都还要打工才能养家活口，好多年都没去外国旅行过。

日本牙医开业至少要五千万日元的成本，但即使开业，也很可能有赤字，像普通小诊所每天看四十人，也算很累了，但收入要支付每个月四十五万日元的房租及助理（齿科卫生士）等薪水，自己等于做白工。据日本齿科医疗白皮书指出，牙医师如果每天诊疗十人，一个月也只有五十万日元收入，扣除税金、人事费用，结果以入不敷出居多。因此有的牙医诊所还去跟中国大陆的牙科技工订制廉价金牙，明知中国的金牙里含有日本未经批准的金属成分，对人体不好，但为了降低成本，只好昧着良心做；甚至还有牙医将其他病患拆下不用的义齿修改再用，结果造成感染等各种问题。

牙医师大概不是最惨的，其他如二零零九年日本修法，许多成药不需要药剂师也能贩卖，亦即实施所谓的“登录贩卖者制度”，药房只要累积相当的实务经验，就能简单取得贩卖资格，因此药剂师的存在价值暴跌。以前药剂师的牌照只要借给药房用，就能坐着领钱，但现在卖成药不需要药剂师资格，当然暴跌。此外日本许多大学都纷纷增设新的药学系，毕业生增加，也造成供过于求。如今药剂师的薪水在医疗工作人员中算是偏低的，甚至不如高中毕业的准护士，在医院上班也只有二十万日元左右，升级加薪率非常低，今后还可能恶化下去。

以前律师好像是非常神气的高级职业，但现在日本有许多律师根本穷到没法开业，都是在前辈的事务所打杂领点薪水或在别人的事务所里租个小房间、租张桌子办事。最糟糕的是二零零七年日本改革司法制度，律师人数倍增，从那之后的新科律师连桌子都租不起，只靠一支手机在工作，被称为“手机律师”。这些律师虽然在社会上依然被称为“先生”，但有的年收只有两百万日元，当年他们可是付了昂贵的学费读完大学，而且通过司法考试才取得国家资格的，如今却没有栖身之处，许多人住着比学生时代更不如的小木楼。有些人是大学毕业好几年才考上律师的，但去事务所应征时却遭批判："如果年轻点、外貌体面的话还好！"现在连律师都需要一点做业务的能力，才能拉拢客户的心，因此不是帅哥还没有事务所会雇用，只好沦为“手机律师”。但这样连生活温饱都有问题，有的律师最后只好去帮讨债公司服务，讨债公司的电话窗口如果有律师出面，多重债务人也比较安心。

日本司法制度虽有改革，但司法诉讼案件却告减少，许多律师在大事务所工作，薪水扣除税金等，每月只有十七万日元，但还要再扣年金、保险以及律师登记费、房租等，每个月手头只有三万日元，比打工族还惨，午餐也都买最便宜、三百日元左右的便当。为此许多律师去抢报酬很低的国家选任律师（公设辩护人），不管什么案件都只有七八万日元收入，还得起大早去排队才能抢到。许多律师以为拿到资格后就会飞黄腾达，当初贷款读大学或研究所，积欠好几百万日元，但依照现在的收入，根本还不起，哪天自己成为多重债务者也不足为奇。不仅是年轻律师，即使中坚级律师也无法维持事务所的基本开销，因为事务所要让客户安心，地点都要好，不能太寒酸，往往扣掉开销，自己的收入每个月剩不到三十万日元，还不如普通上班族。为了招揽客人开设网站，还到网络上四处去自问自答，像是："请问有什么优秀、可靠的律师吗？"然后从手机上网回答："我知道XXX不错。"贴上自己事务所的链接。

跟律师一样，会计师也同样供应过剩，二零零六年日本金融厅为了让会计师活动领域扩大，所以简化考试，但因不景气，找不到像样工作的会计师增加，即使开业独立，也未必有生意上门，结果只好去跟以前工作过的监查法人等讨点兼差工作来贴补生计，结果都得跟簿记二级的助理等并肩工作，收入也不比那些OL好。由于收入不好，有些会计师就会铤而走险，去帮一些快要破产的企业开出不实、非法的监查证明书，但可能因此触法而被吊销资格甚或坐牢。

行情跟会计师一样下跌的还有建筑师。许多建筑师跟伪造结构计算书的姉齿秀次一样，都只能计算耐震指数等帮忙申请建筑许可过日，根本轮不到设计、负责营造工程。而且为了维持工作，只好像二零零五年著名的姉齿秀次弊案，听从想偷工减料的营造商的话，计算时大放水才能生活。这些原本以为会成为社会上流阶层的"师"级人，结果都在中下流里挣扎求生！

人生重新开机时候到了

金融风暴之后，世界恐慌已涌向职场，倒闭严重，

没倒的公司里也潜在着失业危机。

与其当机不动，还不如积极培养

自己的品牌力、人脉关系，

做好相关市场调查，

启动脑里的侦测天线，早日重新开机！

最近一次的金融风暴，日本算是受伤较浅，但也还是无法幸免于难，股市在短短四个月暴跌五成以上，惨不忍睹。但日本不像台湾菜篮族等股民比例那么高，股票占个人资产比例也低，虽然投信等都有损失，但生活话题中绝少有人提及，不管大赚大赔，说出口还是很没品，这大概是台湾难以想象的。但日本人也觉悟这是百年一度的危机，世界恐慌已涌向职场，倒闭严重，没倒的公司也潜在着失业危机或心理失业严重的状况，与其当机不动，还不如早日重新开机！

我在台湾有不少高学历朋友，这几年靠着玩股票而乐得不必上班，当苏活族收入低也不起劲，金融海啸把老本蚀光之后，只好复出

从事生产、劳动，这也是重新开机的好时点，否则有人即使炒股赚钱，却很虚无或过度亢奋，现在终告能找回平常心，焉知非福！

在日本，大恐慌则是明显地已经袭击证券、建设、房地产、人力派遣、投资顾问、IT机器租赁、电视等媒体、消费财（高级日用品等）、汽车等各种业界，而且负债额、倒闭件数都将创战后新高，若波及制造业则将出现连续倒闭悲剧。而依赖建设业的地方经济更是濒死状态，预料不少地方政府将告破产，连公务员日子都未必好过，普通上班族更是危机重重。但许多人未必有重新开机的勇气，担心自己在商务新大陆、丛林里没有求活能力，另一方面则对离开公司之后的去向欠缺自信，加上许多家人主张维持现状，反对走险路或表示："就算没加班，收入减少也暂时忍耐，周末在家帮忙带个孩子也不错吧！"

然而，大部分状况不是你想维持现状就能维持现状的，海啸已经卷上办公桌，许多既有的企业本身欠缺重新开机能力，即使为公司拼命，而且再三建言对策也不获采纳，这种公司应该早点跟它分手，另寻新天地才好，即使现在有盈余的公司，也都有倒闭的可能。当然有人担心重新开机会有风险，只好忍受没梦想、没希望的生活，混口饭吃就好，在日本尤其以一流大学毕业，在大企业做事的三四十岁上班族，最为懦弱。问题是现状已经freeze（冻结），未来几年连要混口饭吃、维持目前的生活水平都很困难，非要等公司裁员轮到自己才关机、重新开机，则已经太晚了。

不仅是经济恐慌问题，日本现在二十至二十五岁一代是丧失物欲的世代，一天有一千日元就能过活，想买汽车的人减半，只剩两成，而且一个月顶多喝酒、聚餐一次，外食、汽车等市场已开始大幅萎缩，这样的时代完全需要不同的思维来面对，也是商务良机的降临。而且像现在因为倒产公司多，办公室、店铺租价暴跌，家具也有崭新的可用，创业成本空前低，很容易出手尝试。

重新开机前，心理上要不在乎升官速度变慢，不要斤斤计较最后可能毫无意义的考绩点数、等级，而是积极培养自己的品牌力、人脉关系，做好相关市场调查，脑里的侦测天线全面开动。当然经济恐慌的第一大特征是雇用剧减，当下骑驴找马，找到跳槽去处或创业准备妥当再辞职也不迟，但内心有重新开机的准备，则每个动作、思维都会跟昨天不同的！

历史里找魅力偶像

日本人所认识的坂本龙马至今几经虚构，
当时代走投无路时，龙马就会被抬出来，
作为唤醒社会的起爆剂，
以鼓舞日本人，这是非常管用的。
现在龙马又出动了，
正好印证了窒息、闭塞的日本，
期待有能够推动平成维新的龙马出现。

日本二零一零年最红的人物，是已故一百四十年的幕末英雄坂本龙马[1]。NHK继一九六八年后再度把他的生平改拍成大河历史剧，同时也推出跟龙马有关的《坂上之云》，龙马至今依然在日本人心中粲然发光。这主要是因为长年不景气，让日本人垂头丧气，所以从历史里再把强韧奔放的龙马拉出来，沐浴在镁光灯下，成为众所瞩目的焦点。另一个原因则是，要从活人中寻找偶像不容易，且龙马英年早逝，要挑毛病不易，生前许多行踪都是谜，正好让各界灵

1 日本明治维新时代的维新志士，倒幕维新运动家，思想家。

活发挥、阐释！

日本人所认识的龙马至今几经虚构，龙马若黄泉有知，必会大吃一惊，然而当时代走投无路时，龙马就会被抬出来作为唤醒社会的起爆剂，以鼓舞日本人，这是非常管用的。

龙马是土佐藩的下级武士，相当于职员或工读生，传说中是忧国忧民，两度脱藩成为志士，促成萨摩及长州二藩结成军事同盟，实现大政奉还，亦即让十五代的幕府将军德川庆喜将统治权归还给明治天皇，尊王攘夷变成尊王开国，因此开展新时代，宛如一个人改变天下，让许多上班族觉得值得模仿。

“龙马”的形象不是一天造成的，先有同乡的坂崎紫澜从一八八三年起在土佐的民权运动机关报《土阳新闻》连载《天下无双》小说，创出龙马传奇，其后的龙马传大都以坂崎的小说为底版。像是龙马背上长有如马般的长毛，十几岁还会尿床，上私塾一天就遭退学等传说或是在京都伏见龙马遭幕吏袭击时，其妻阿龙入浴的香艳情景等，都是出于坂崎的创作，小说家的政治意图及想象力建立了一个不坠的偶像。

到了一九零四年日俄战争前夕，国民人心惶惶时，龙马居然托皇后的瑞梦出现，也引发龙马热，龙马被立碑捧为忠心义肝的护国英灵。到了大正时代，龙马又被塑造为不流血的和平革命先驱，此一形象在战后经由司马辽太郎写《龙马行》而告落定。当时正好是日本明治维新百年，司马也想让龙马成为第三次维新（第二次是战前高桥是清建构了日本近代经济体系）的原动力，成为提出打开时局和平路线的超级英雄。但事实上，龙马的“船中八策”也蕴涵武力讨幕的暂定措施之可能，理应是和、战两面作战，擅于权谋术数，不全然是司马笔下天马行空的潇洒浪人。

但时代的需要是，和平而不擅权术、不居功，又拥有如海绵般吸收力的纯粹“仕事师”，才能成为英雄，而司马辽太郎的龙马完全符合这些条件；加上土佐风土特有的开朗与进取精神，也让《龙马行》成为影响力最大的必读青春小说，除了NHK之外，民间台改拍的戏剧不计其数，连歌舞伎也偏爱司马的龙马像。现在龙马又出动了，正好印证了窒息、闭塞的日本期待有能够推动平成维新的龙马出现，历史能让人捡回丧失的自信与元气，实用价值还满高的！

不想长大的年轻人

一九八零年以后出生的年轻人，
正好在泡沫经济绝顶时出生，
父母都误以为日本从此永远无限发展，
对孩子们过度保护，让他们予取予求，
或是硬拿自己的价值观来要求孩子，
结果年轻人丧失自立心与决断力，
成为严重的社会问题。

日本的年轻人很没元气，以往每年一月各地的成人之礼，总有年轻人吵闹叫嚣[1]，要出动警察来镇压，但近年平静许多。调查也显示，满二十岁的新成人以草食系居多，对于恋爱不积极，百分之七十七没有交往对象，尤其男生高达百分之八十四，算是大幅增加，且过半都不曾有女友，结婚的愿望也比女人消极，"草食男"封号当之无愧，女生也好不到哪里去。年轻人都觉得，"在现今的日本，要当大人

---

1 草食系，对待爱情像食草动物一般友善温和，在感情关系和人际交往缺乏主动性，内心深处惧怕被伤害或因性格腼腆不愿与异性接触。

风险太大了”，不想长大，也没有元气，让老一辈日本人忧心忡忡。

如此的现象不仅出现在日本，在许多国家也都一样，年轻人比中高年人更安定取向、更内向。现任东京大学教授的建筑大师安藤忠雄断言：“一九八零年以后出生的年轻人，不中用的居多！”他的道理是，他们正好在泡沫经济绝顶时出生，其父母都误以为日本从此永远无限发展，对孩子们过度保护，照顾得无微不至，让他们予取予求，结果年轻人丧失自立心与决断力，成为严重的社会问题，年轻人自己无法判断，也没自主想做什么的意愿。而这样的年轻人现在三十岁了，要靠他们支撑日本社会，未免让人觉得前途黑暗！

安藤忠雄点出年轻人没元气是不错的，但他老举自己或同辈以前是如何打拼出头为例，忽视了现代年轻人没有元气的原因，是再怎么打拼也没什么机会，遭遇的是很无奈的结构性问题。许多机会或职位都让老一辈卡掉了，至今不放，尤其像安藤忠雄般七十或八十岁的人们，都还在第一线活跃；而应届毕业生有四成找不到工作，面临史上最恶的就业冰河期，许多大学生无法取得企业入社承诺，只好再缴一年学费延毕，这样的年轻人怎么会有元气？

在安藤忠雄的时代，连独学都有机会获得肯定，但现在即使拿东大博士都会失业。日本有数万名博士失业，成为高学历游民，要有元气不容易。不仅大学生等很郁闷，日本内阁府调查显示，现在足不出户而自闭在家的青年达七十万人，即将沦为闭门不出族的预备军则达一百五十五万人，多数系在青春期受挫，因视野狭窄而钻牛角尖，也有不少是父母硬拿自己的价值观来要求孩子而造成的。现在年轻人的时代越来越辛苦，他们也看穿父母一代追求的不过是表面丰富的价值，因此开始反动，不认为汽车、房子是社会地位的展现，而年轻人不买车子、不成家立业，成为日本经济的严重瓶颈。

要让年轻人有元气，安藤忠雄的处方倒是对的。他认为应该让年轻人多接触多彩多姿的文化，琢磨感性与求知的好奇心，兼备冒险勇气且积极超越国境，才会有更广阔的视野，从亚洲或世界来看日本。若有以世界为舞台而活跃的想法，自然不必担心困坐日本，否则年轻人没元气，社会也没有未来！

爸妈永远不了解我！

孩子饥渴精神不足，

可能只是成长经验完全不同造成的。

爸妈的时代只要拼一下就能达成目标，

机会多、目标明确，手段也简单。

但孩子经历的是低成长、衰退的时代，

要找个像样工作都不容易，怎敢胸怀大志！

代沟越来越深的时代？不会吧！大部分的爸妈，不管是三四十岁，即使六七十岁了，也都自认是开明、可理解的居多，有人还说："我们全家一起看成人电影，跟孩子哪有什么代沟？"但事实上，爸妈并无法真正了解子女所处的时代，都认为孩子是生活在比自己更为丰裕、舒畅的时代，要什么有什么，为何这么没劲，不会去拓展自己的世界呢！或许孩子饥渴精神不足，但这可能只是成长经验完全不同造成的，爸妈经历的是高成长甚至泡沫时代，但孩子经历的则是低成长、衰退的时代，要找个像样工作都不容易，怎敢胸怀大志！

建筑大师安藤忠雄二零一零年在东京大学入学典礼致词时，痛斥太多父母陪着出席典礼，实在是太过保护，要求东大学生自立，他可是什么都靠自己努力获得的，不打拼不行。但问题是现在的孩子即使是东大生，再怎么打拼也可能没有出路，日本现在有四万多名博士找不到工作，成为超高学历自由打工人或无业者。时代不同了，许多爸妈跟安藤忠雄一样老爱说："我们是打拼过来的，你们也要加油才行！"其实很不负责，这些打拼过的活力过人的爸妈辈，依然占有当代社会的重要职位，却无法理解子女很难轻易超越自己，而且眼看着子女这一代的生活水平或社会地位都将降级，现在只是还寄生在父母家，没有独立而尚未突显出来而已。

日本现今六七十岁爸妈的青春时代的确非常穷困，常会说"以前女人上大学的不多"，"香蕉、牛肉是贵重物品"，"梦想抽中收音机"等或滔滔不绝地倾诉参加学生运动的经验。爸妈以前好不容易入手的幸福，现代孩子都理所当然享有了，但孩子们的前途，却比爸妈们的要暗淡多了。

在企业里负责人事的朋友都认为，其实现在年轻人找工作都比自己当年认真、努力多了，都很拼命，却无法录取那么多人，总觉得很愧疚；但另一方面也觉得年轻人冲力不足，嗜好都是"一人卡拉OK"或"散步"等松散行为居多或许是没地方可冲吧！

许多爸妈都还认为自己吃过的苦头比较多，事实上未必如此。因为以前的时代只要稍微拼一下，就能达成目标，机会多、目标明确，手段也简单。而且日本现在四五十岁的爸妈，还经历过美妙的泡沫经济时代，大学时就开外国跑车去滑雪，他们完全无法理解儿女为何不想开车，因为开车等于是社会地位的展现。爸妈说："滑雪不流行？那你们去滑滑雪板也行呀！"这样的说法就好像何不食肉糜或是像玛丽皇后说："没面包，那吃蛋糕好了。"爸妈们在闹区如银座、六本木等，缅怀以前车水马龙，一个晚上都叫不到出租车等景象，现在很容易叫车，还会说：“如果景气复苏的话，就又难叫了。”但年轻人压根就没想搭出租车。

让爸妈心焦的宅男宅女年轻人，其实比爸妈更有自己的想法，更不会受流行左右，他们也试图在这样的时代摸索新方向、新价值，例如下乡务农等。因为不见得想追求爸妈们眼中的功成名就，也未必要吃跟爸妈同样的苦，即使吃同样的苦或更多的苦，同样的成功已经不大可能重现了。

四十而不立的人越来越多了

以前的日本是三十岁之前
理所当然该结婚生子、建立家庭，
但现在由于生活模式多样化，
加上晚婚化、不婚化的趋势，
许多人不大需要家庭也能生存，
年过四十依然觉得自由自在，
当然也更为年轻，自然童心未泯。

日本也是儒家文化圈的国度，也相信孔子说的“三十而立，四十而不惑”，而且日本政府都还会为二十岁的人举行“成人庆祝会”。但现代人成长期间延长，要真的长大成人很不容易，几年前已经传出应该把“二十岁成人”改成“三十岁成人”，但是现在连年过四十都尚未长大成人的也很多，说好听是很年轻，但其实不时让人感叹：“未免太孩子气了！”在男人活八十岁、女人活八十六岁的时代，四十岁原本是人生马拉松折回的中点或许这种想法已经很落后，应该说“四十岁成人”也不为过！

从演艺界来看，热演三十二岁坂本龙马的福山雅治是四十二岁，而率领人气组合 EXILE 的 HIRO 是四十一岁，搞笑的冈村隆史和剧作家宫藤官九郎、TOKIO 的城岛茂等都是四十岁，但这些人都没有四十岁或四十几岁的感觉。

这种永远青春的模样，不限于艺人，普通人更是没两样；而且比起艺人维持青春是工作，普通人的长不大却是很天然、无造作的。像是有的上班族已经四十岁了，也每年都参加东京马拉松，所需时间年年缩短，肉体完全没有衰退；也有从十几岁就是摇滚狂的朋友，现在已经四十几岁了，还很积极地留意海外的新人乐团，赶赴各种演唱会；也有四十岁的主管，到现在还说："读《少年 JUMP》（漫画周刊）是我人生最快乐的时光。"而且周一上市，不读完不会开始工作，跟小学生没两样。

也有四十几岁的大男生非常喜欢联谊，为了安排联谊，不管什么工作都摆在后头；还有四十二岁的上班族，为了想当足球加油队而辞去工作，改成兼差计时打工等。已经年过四十，却以兴趣为优先工作的人越来越多，这在以前男人被称为"社畜"的日本是难以想象的。也有些年近五十的上班族迷上生存游戏，周末都到野外去玩或是从学生时代起就玩摩托车，现在也每个周末都参加相关聚会，假日以自己的兴趣优先于家庭。甚至也有已经创业当配管公司社长的四十几岁男人，一心想要"留下人生代表作"，而跑去剧团应征，从跑龙套学起，在排练期间，公司的经营都不在乎。有些上班族则觉得自己应该当"永远的少年"，因此也不想结婚，不去想太久远的事，顶多只考虑下周的事，才能维持天真无邪的心。

这样的四十几岁能责怪他们太孩子气吗？还是应该羡慕他们一直都如此享受青春？只能说现在的四十岁跟既定的四十岁形象相差

太多，这也是因为现在的平均寿命和孔子时代相差很远，成熟度也自然不同，但到底什么才是现在四十岁或四十几岁人的真面目？

男人大抵是从学生时代一直维持原样，还是大孩子，却不知不觉就四十岁了。有的人至今还在追求理想，像是想当小说家等，甚至过了四十岁还跟父母每个月拿十万日元生活费，亦即完全寄生族，凡事以自己的充实感为最优先。虽然这种四十岁的寻梦人多少也自觉："世间的四十岁如果全像我就完了。"但他们还是乐此不疲，似乎停留在十九岁而永远不成年。

男人如此，女人则对年龄比较有意识，似乎比较成熟些，但从妇女杂志来看的话，四十岁女人的目标也是"永远发光发亮的我"，杂志的专题都是"日本的四十代可以更年轻！"，拼命想抗拒加龄，而且相当彻底。四十几岁也跟国中或高中的女儿一起购物，甚至也穿涩谷一零九辣妹装，跟女儿竞争；不然也都是穿T恤、牛仔裤，成为年龄不详的女人。而且许多以四十五岁为目标读者群的女性杂志还鼓吹："四十代的女人，美丽、爱情、性爱都要同时入手！"虽然日本博报生活研究所调查显示，普通人认为，"欧巴桑的年龄范围是四十至六十岁"，但当事人并不承认自己是欧巴桑。

虽然本人没有意识到自己"已经四十"，但还是有些现实不得不面对。就像喜欢跟年轻美眉搞联谊的四十代男人，也会发现出席他们联谊的女人年龄层不断升高，而自己跑去参加二三十岁的联谊，并不受欢迎。虽说年轻美眉也喜欢中年男人，但她们喜欢的是多金又潇洒的成熟男，不是没钱又孩子气的四十代男人。

年过四十还很年轻，亦即孩子气的四十代增加，这是由于生活模式多样化，加上晚婚化、不婚化的趋势所导致。日本未婚率逐年上升，男性四十至四十四岁为百分之二十一点九，四十五至四十九岁为百分之十七点三，四十至四十九岁之间每五人就有一人未婚，女性也至少每十人就有一人未婚。

以前的日本是“三十岁之前理所当然应该结婚生子、建立自己的家庭”，但是现在晚婚与不婚、未婚者并非少数，日本慢慢从“皆婚（人人都得结婚）社会”转型为“非婚社会”，不管男女，不大需要家庭也能生存，结婚已经不是人生的必要条件。许多人都觉得既然有不婚的选择，那就回避因为结婚而必须背负许多责任的选择也不错，自由自在的，当然也显年轻，自然童心未泯。

结婚成家等原本是人生的阶段，但如果不通过这些仪式，人要长大成人很不容易。人为了变大人，也必须放弃许多自己的欲望，弗洛伊德称此为“去势”，但现在这些通过仪式本身逐渐消失，催促每一个人适时过渡到人生下一个阶段、转换欲望的社会机能无力化，全部委诸个人判断，个人则不需要放弃欲望，一下就到四十岁了，但做的事仍和二十岁甚至十几岁时差不多。

还有一项重大的背景是，四十几岁这一代的思春期是处于比较压抑的八零年代，因此是对社会仪式比较抵抗的世代；或许是对于上个世代的反动，三十几岁这一代对于太自由就不以为然，认为最好不要在社会轨道外奔走才好。或许目前三十岁左右这一代的日本人，在十年后变成四十岁时，就会取得平衡，而比较接近想象中的四十岁吧！

日本即将迈向“无缘社会”

日本原是重视血缘、地缘的封建社会，
现在逐渐崩解，每个人只好追求自立，
结果却陷入无缘，
和社会或家族都觉得没有关系，
孤独而且疏离。
但其中有许多并非个人责任，
政府也应明示未来社会建构的方向。

日本最近出现一个新名词——“无缘社会”，亦即没有血缘、地缘等，和社会或家族等都觉得无缘、没有关系，孤独而且疏离。尤其日本最近五十年，一个人生活的独身户从三百五十八万户变成一千四百四十六万户，亦即增加为四倍，所以孤独死也非常多。日本NHK开始推出谈论老人孤独死的系列节目，也提出“无缘社会”的概念，指出不仅老人是如此，连年轻人也被逼陷入无缘社会的恶性循环，造成相当冲击。除了高龄者反应强烈，连二三十岁的人也痛感自己有着“无缘”的不安，都是孤独死的预备军，一个人很怕连休长假，电视上报道连休家族出游等，也都觉得跟自己无缘，非常恐怖。

日本有杂志调查，二十至四十岁的人之中有四成不时感觉自己无缘，像三十岁的程序设计师表示："我没有女友，周末也没有讲电话或一起玩的朋友，职场也没有什么会私下聊天的同事。有时会有冲动想确认自己的存在，而在房间里大叫几声，反而更觉孤独！"也有人表示假日去便利商店买便当时，店员问："要不要加热？"自己回答："不用了。"才惊觉这是今天第一次出声说话。

现在年轻人贫穷化，很难有社交生活，像有人一次跟身边的人表示"周末出门很麻烦"，其后就没被邀约过了；有年轻人周末没人可以说话，就跟自己养的金鱼、仙人掌等观叶植物等说话。虽然也想要朋友，但都离开学校多年了，要努力交朋友也很困难，尤其年过三十的话，老同学等也都有家庭了。有的年轻人虽在乡下有老父母，但因为和亲戚疏于来往，父母一旦过世了，自己就会变成孑然一身。

社会上未婚男女越来越多，这种无缘族也会越形增加。根据日本国立社会保障·人口问题研究所的推算，单身户的比率在二零三零年将占日本全体的百分之三十七点四，都会地区如东京则将有一半会变成单身户；终生没有结婚的生涯未婚率在二零三零年男性为百分之二十九点四五、女性为百分之二十二点五五。从国际上来看，日本已经变成未婚率非常高的社会了。

日本是以前谁都能结婚的所谓"皆婚"社会，这是因为社会安定且经济丰裕，结婚是在个人的自由中进行的。但是最近日本社会拥有不利于结婚条件的人增加，原本以为只要自己有工作，就能自由自在活下去，但在雇用不安定的状况下，连工作本身也不安定，即使想婚但也无法结婚，进而无法拥有家族的"生涯未婚社会"，就越来越蔓延开了。

其实不仅已婚的人有无缘的不安，像是在金融机构工作的中年男人每天加班，回到郊区的家都是深夜两三点了，根本没有什么喘气的机会，假日几乎都在睡觉补眠，跟妻儿也变成无缘。更多的男人则是离开公司或遭解雇等，便失去跟社会的连接关系，也变成无缘社会的一分子。这也是因为日本以前是以经济成长为优先的企业社会，以男人为中心的绝对工蜂社会，当时男人能获得足以养家的收入，因此不负起教育子女的责任也没关系；如果收入不足以养家，则妻子会落跑，自己变成只有孤零零的一个人，这也是以经济成长为最优先的企业社会所留下的负面遗产。

不仅男人结婚不易而孤独无缘化，女人也是一样。像有三十八岁的契约社员便觉得自己可能无缘而孤独死，尤其过了三十五岁，在结婚市场上的价值低落，因此觉得自己会“无缘死”。也有女人认为，失去现在的工作也会无缘死。还有女人每年几次陪丈夫返乡，一旦要商议什么家族的事，她就遭排挤在外，完全被当外人看，她担心将来丈夫如果先去世，又没有小孩，自己也会变成一个人。在NHK或各种留言网站上，觉得自己可能成为“无缘死预备军”的人，纷纷浮出台面留言。

另一方面，现在日本社会也已经演变成很难向别人求救的社会，每个人的无缘感都很深。像东京大学教授上野千鹤子所写的《一个人的老后》之所以会大卖，就是点出现代社会的无缘感，即使有亲人，事实上谁都无法一个人生存下去。另一位社会学者内田树已经指出，上野千鹤子所谈的“一个人”都是跟上野教授本人一样，非常有钱、有社会地位的优雅的“强者”，才能组成“强者连合”——亦即“赢家同盟”，普通的人没钱也没有社会关连，若不积极摆脱无缘状态，就只好孤独死。

要如何才能从无缘变有缘呢？最多的还是先恋爱或寻找结婚对象。许多男人觉得还是女人比较容易谈心，因此一定维持跟女性的关系，不一定是女友，还有女同事等。也有女人积极去搞“婚活”（就婚活动），寻找结婚对象，因为若把自己从单身户变成普通的家庭，就至少有人可以说说话，可以跟别人发生关联。

也有人积极在网络上出没，参加社交网站，然后去参加网聚，就会发现有许多人跟自己一样，没什么朋友，在聚会上也一直待在角落一言不发。有的人或许跟初见面的人很容易拂拭距离，这种人原本就有强烈的社交性，比较不会变成无缘族，但大部分的人都觉得网络上认识的关系还是比较稀薄有限，很容易断线。其他则有人在周末出门到社区当地的居酒屋等，会固定去的话，也能成为老主顾，和其他的客人有交情。也有人去上专家教人如何沟通的课程，努力找到说话的对象；或是原本在“社内无缘”，也会尽力通过兴趣及嗜好，寻找同好者，而避免在社内孤立，否则有人还因为无缘，最后连工作都做不下去。

日本原来是非常重视血缘、地缘的封建社会，如今逐渐崩解，每个人只好追求自立，结果却陷入无缘。但像是经济萧条等原因造成的无缘，有许多并非个人责任，政府也应该明示未来社会建构的方向，不能无视无缘死预备军的哀鸣。

超长寿时代的来临

日本百岁人瑞人数不断攀升，
甚至被称为“新不老革命”。
但另一方面，现在二三十岁的男女，
却有五成以上并不想多长寿，
因为长寿相对来说要花很多钱，
生病及需要看护的风险也很高，
活越久只是越不安而已！

日本活过百岁的人，越来越多了，在一九八八年首次超过一万人，二零零三年两万人，二零零七年三万人，二零零九年九月突破四万人，二零一零年估计会超过五万人。这不仅代表人数增加而已，而是很积极想维持健康、乐观向前看、享受人生的人也增加了。但另一方面，现在二三十岁的男女，却有五成以上并不想多长寿，甚至不想活到平均寿命，因为长寿相对来说要花很多钱，而且生病及需要看护的风险也很高，活越久只是越不安而已！

日本八九十岁一代的人因为经历过战争等试炼，生命耐力很强，求生意志也跟年轻的一代不同，即使近百高龄，还有不少人按时做体操，每天喝一公升以上的水，每天三餐都自己做。也有人每天到附近的老人福祉中心游玩，跟其他老人去唱卡拉OK或跳舞等，热衷学习新事物，每个人都有好几套养生法；而且医学进步，这好几万人都历经百病，却毫不迟疑地朝百岁高峰迈进。

百岁人瑞人数不断攀升，甚至被称为“新不老革命”，初步原因被认为或许是一九七零年代以后，日本因为中风而死亡的人数大减，此外也有说法认为存在有“让人很有元气地活百岁的基因”。如果长寿之谜真能解开，百岁人瑞大概一下子就会十万、二十万人地增加。

新种人瑞跟以前的人瑞不同，以前的人瑞常是无法走路，认知有问题或整日躺在床上，非常衰弱；但现在的人瑞身心都很年轻，有的人看起来只有六七十岁，甚至还有超过一百岁而进大学、开始骑脚踏车的人，这种倾向今后也会越来越强。

长寿越来越简单，但年轻男女却不想长寿，认为能很有元气的长寿族不过是少数，活太久一无是处。女人不想长寿的理由是“不想为了自己的看护问题，增加家人的负担”；男人则表示“对长寿并无执着”，也因此二三十岁的男人有四成没有为了老后而节约或储蓄。零储蓄的年轻人增加，这也是储蓄大国日本所难以想象的事，但零储蓄的人口中也有半数认为应该要储蓄才行，至少要有最低程度的自我防卫。

日本现在的平均年龄，男人是七十九点五九岁，快要超越八十岁；女人则达八十六点四四岁，活过九十岁也不足为奇。日本是世界第一长寿国，但许多人不想活到平均寿命的原因是，日本社会到二零一五年时，六十五岁以上的高龄人口将突破三千万人，国民有四成都是老人，超高龄化社会让日本年轻人感到不安，超长寿时代来临，却无法单纯、开心地迎接！

老而无靠怎么活？

日本是全球最长寿的国家，
但是如噩梦般的光景却不断呈现，
亲子、家族的关系越来越稀薄。
为了避免让自己也成为无缘无故族，
最好平日就勤于联络、整饬人际关系，
而且要学习体贴、乐观，否则还没老，
也会被当作老怪物对待了。

日本从二零一零年八月初起，因为许多岁数名列前茅的百岁人瑞不是失踪就是早已死亡，而引发一阵骚动，让日本社会非常震撼。因为日本至今都自觉家族观念相当强，但这次却被揭穿有大量老人下落不明，只是在户籍上虚有其名而已。除了老人之外，社会上也有许多人是遭家族抛弃、遭朋友绝缘或是跟邻居老死不相往来的人；而血缘关系其实并不可靠，不仅是百岁老人，任何一个年轻人也都面临着未来孤老的恐慌，无缘族的疏离感比比皆是，自己一个人是否能活下去成了很大的疑问，让人怀疑长寿的意义。

日本曾经在东京足立区发现一位一百一十一岁的男性，其实早在三十二年前就已经变成白骨了，家族长年放置尸体不管，而继续领取年金等各种补助；自此也发现目前东京最长寿的一百一十三岁女性，也是从二十五年前就失去联系了。日本现在百岁以上的人口有四万多人，但至今已知行踪不明的近乎百人，成为一大社会问题。

专门研究家族社会的学者山田昌弘指出，日本人本身有错觉，日本原来就是家族关系稀薄的文化，尤其是现在高龄者世代的家族关系，还比小家庭化以后的家族关系更为稀薄。现在接近一百岁的老人家，是活在家族制度色彩非常浓厚的时代，“家”只是属于长男的，若非长男，则会认为自己出生成长的家并非自己的家；而长男如果离家而不在老家，则家族间的关系很轻易就崩溃了。近来相继发现许多老人行踪不明，其实就是家族崩溃的表面化。

也有区公所等派出的护理辅助员，初次去拜访住在楼上楼下的母女，却惊讶地发现这对母女已有十年没见面。那位护理辅助员上到二楼母亲住的地方，发现臭不可当，因为母亲无法独力上厕所，只好反复在摊开的报纸上排泄，榻榻米也因此早已腐烂。

日本是全球最长寿的国家，但是如噩梦般的光景却不断呈现，这绝非特殊的例子，亲子、家族关系越来越稀薄，以为家族关系紧密、浓厚，不过是幻想、假象。许多老人很注意健康，但是如果不小心骨折等，行动不方便，虽然表示想住在家里，跟家族住一起，子女或其他弟妹等也会轻易地想把这样需要看护的老人送到哪个设施去，让老人认清血缘也没有什么用，即使强要大儿子跟自己住也毫无意义。

不仅如此，现在让许多老人无法安心瞑目死去，还有一个新的问题，就是现在六十岁的老人中，每三人就有一人的家里有着未婚的子女还在寄生中，亦即依赖老人生活。尤其这些子女中有三分之一以上是没有工作的，有些是找不到工作，有些是找到了工作也因为不景气而遭裁员，现在若还肯出门打工都算不错的。有的子女已经三四十岁，找工作找了两三年后就会丧失力气，连家门都懒得出，仰赖靠年金生活的父母扶养自己；也有些子女因为婚姻不顺利，离婚后回到老家靠父母生活，甚至把扶养孩子的责任也都丢给父母；有些子女已经结婚，但每周还是来家里要钱或事前传真过来，开列生活必需品要父母买，好让他们带回去，形同勒索，否则连回父母家也懒得回。父母省吃俭用，子女生活奢侈、爱用名牌等，全是啃老族，但即使如此，被仰赖的父母病倒了，寄生、啃筋的子女也未必愿意看护他们。

崩溃的不仅是亲子关系，许多夫妻关系临老才渐行崩溃，两人的距离随着年龄而扩增。尤其日本的中高年男性几乎不做家事，妻子虽然要求帮忙，但男人总是借口“工作忙碌”，即使退休后也说：“我已经把大半人生献给家族，让我稍微休息一下！”不把妻子的抱怨当一回事。也有人上班时代经常出差，不然就加班到深夜，回家只是洗澡、睡觉而已；退休后二十四小时都在家里，让许多妻子吃不消而精神衰弱，甚至歇斯底里，突然爆发而乱丢餐盘碗筷等。两人的性格都变坏，对彼此越来越陌生而没有感情，许多家族关系咨询处都是妻子前来求助居多，抱怨退休后的丈夫整天都坐在电视机前，碍眼挡路，又臭又啰唆。尤其许多男人当过主管，在家里上对下的言行让妻子难忍，觉得跟这人一起生活什么乐趣都没有，便吐露不满，夫妻关系产生龟裂。

也有些妻子明知丈夫有外遇想离婚，但因为没有去处，只好忍耐。有的则是在丈夫退休前用丈夫赚的钱享受高水平生活，跟朋友们吃豪华午餐，而只随便做便宜的餐饭给丈夫了事，为了自己的生活乐趣而利用丈夫，等到丈夫利用价值丧失，便想抛弃丈夫。尤其现在只要结婚年数够，妻子离婚也能分到相当比例的年金，而且事前做好准备的妻子，也能积存相当私房钱或分得财产。

比起女人，男人因为生活能力很低，很怕离婚，但妻子不再沉默，都会对丈夫吐诉不满，这种状态持续下去，夫妻一定会有一方因为心理原因而腰痛或头痛，甚至还会互相猜疑，担心对方在食物里下毒等。丈夫退休时，大多想着“好好重新开始夫妻生活”，但妻子则觉得“我再也无法忍耐了”，因此付诸实行的不少。男人只好更有觉悟自立，而且努力和妻子于“家庭内再婚”，以寻求共存之道。

现代人因为都是在小家庭出身、成长居多，跟亲戚关系淡泊，但很重视同学、同事或朋友等关系，也算是新的联系关系。问题是许多人跟学生时代朋友的交往，也仅止于丧礼和贺年问候；职场关系也因为终生雇用减少而逐渐淡薄，许多人在中高年之后就非常孤寂，尤其退休后群集在图书馆、社区交流中心等看看报纸，嘴上却说：“我们都只是在消耗到死为止的时间而已。”这种困境，日本政府原本以为是女人比较严重，但调查发现，女人年纪大了，经济上的确比较困难，但生活上受苦受难的却是男人，有两成以上的男人在自己居住的地区，谁也不认识，注定孤寂。

为了避免让自己也成为无缘无故族，最好平日就勤于联络、整饬人际关系，价值观不同的朋友要断绝关系很简单，但保持某种不在乎、不吃力的关系也很重要，而且要学习体贴、乐观，否则还没老，也会被当作老怪物对待了。

USH

PART 4

生活风向球

日本人奇怪的金钱观

全世界都因为日本商社的各项采购行动，
认为日本人一定斤斤计较、精打细算，
但事实上全然不是。
日本人完全没有宏观的经济观，
会省小钱，对于大钱流出却非常麻木，
投资行为也是世界少见迟缓保守的，
果然就成了很难靠理财赚到钱的民族！

日本人好吃鱼虾，日本人的肚子长年以来都是世界鱼虾的终结者，日本商社在全世界各地杀价采购，长年来都是最大主顾，业者都看日本人脸色。而且全世界都因为商社的各项采购行动，认为日本人一定是斤斤计较、精打细算，但事实上全然不是。一方面日本人现在杀价无效，像是鱼虾等，还有中国、俄国等都在跟日本抢，只会打算盘已经没用；此外，日本人完全没有宏观的经济观，会省小钱，但对于大钱流出却非常麻木呢！

像是曾经跟几个日本男人去吃饭，是著名的百年烧烤老铺，师傅手艺不同凡响，收费才每人五千日元，我觉得很便宜，但男人们都说烧烤竞争大，有许多廉价的连锁店出现；吃完饭，他们带我上有女人作陪的酒廊，坐没多久，女人服务有限，连陪说话都懒洋洋的，但每人收费两万日元以上，男人都连呼好便宜，还说泡沫时代每个人没有十万日元别想脱身，实在让人不懂。总之，日本夜世界的收费是普通世界的五到十倍以上，但男人都觉得这是合理的；牛郎俱乐部也是，有的每月只赚二十几万日元的寂寞女生，也跑去开一瓶数十万日元的高级香槟，金钱感觉矛盾而不自觉。

当然最奇怪的还是，日本人即使努力存钱，却对宛如麻雀眼泪般的利息不会抱怨，甚至不会起疑，真的很不可思议。例如日本定存利息最优厚的是日本邮政储金的百分之零点三，因此几乎人人都在邮局存款，即使邮局民营化，二百三十兆日元总存款也动都不动。其他银行的定存也一样，二百四十兆日元总存款心甘情愿让银行等使用，几乎没有利息，存再多也没有意义。日本邮政公社二零零五年的盈余是一兆九千亿日元，而邮政本身大赤字，又不像银行有借款部门可以贷放赚钱，邮政公社对于存款没有运用能力，只会买国债及信托，国债年利率百分之一点七，但给存户百分之零点三，等于赚了巨额的差利。按理说把钱存在邮局，还不如去各地车站前都有的证券公司自己买国债就好了，但所有日本人都还是在邮局存钱，金融行动非常保守。大抵二百三十兆日元如果是外国基金运作，可以有百分之十的利润，也就是二十三兆，但邮局结果只获得一兆九千亿日元，其实是超级无效率的，但谁也不生气呢！日本人的股市投资行为也是世界少见迟缓保守的，像是二零零五年股票上涨四成，并非真的是因为小泉的自民党众议员选举大胜而涨，而是因为外国投资家、石油基金大举流入日本所造成。外资在八点进场，一万六千点时便脱壳而出，捞了一笔；但日本投资家，尤其是个人投资者，都还要依照经济学教科书所教的，确认经济基本面等才出手。等到《日本经济新闻》写着“现在起是个人投资家登场的时候了”，已经为时太晚，结果都是最高点买进而底价抛售居多。

日本人认为对冲基金等都是坏蛋，觉得什么都需要确认，结果永远赚不到钱，即使投资也甘愿接受日本投信百分之一点二五手续费的剥削，因此天下真的就有很难靠理财赚到钱的民族——日本人呢！

不好意思谈“钱”事

日本社会从来不正面谈钱，
是觉得谈钱不好意思、真俗气的社会。
但钱与人际关系、工作和自己的人生，
是全部连接在一起的，
是观看外面世界重要的道具，
不能不了解钱的衍生、流转的本质，
当然要谈，也才不会被摆布、剥削。

每次到了新年这种恭喜发财的季节，大家总会谈到有关钱的事。去年因钱而受苦受难的人，今年则期待财源滚滚。钱很可爱，钱可以买到不少幸福，让鬼推磨；但钱也很可怕，没钱活不下去。日本漫画家西原理惠子曾经出版《关于这个世间最重要的“钱”的事》，是很令人感动的一本书，大人、小孩都适合阅读。这不是教人赚钱也不是教人省钱的书，而是让人深思钱与人的密切关系。当然钱的流动、价值变化越来越不是个人力量所能决定的，金钱游戏通过金融工学花样，机制越来越复杂，规模越来越庞大，有些人再怎么拼命，钱也不会转过来，许多专家还说没钱是自我责任，到底钱是怎么回事呢？

日本社会从来不正面谈钱，是真正觉得谈钱不好意思、谈钱真俗气的社会，因此个人玩股票的赚赔不会挂在嘴上，否则会被认为没品。像是金融海啸也扫到不少日本人，但大家都只谈大趋势而不谈个人，大人对小孩也绝口不提钱的事；最近日本有些国中、高中搞实验商店或实验股市交易等，但也只是想教人理解市场机制，而不是去正视钱的本质。

从小不教有关钱的事，不谈钱是美德或说谈钱伤感情、没气质，都尽量回避钱，虽然不要人只向钱看是不错，钱并非万能、绝对，但是钱与人际关系、工作和自己的人生是全部连结在一起的，是观看外面世界重要的道具，而且不能不了解钱的衍生、流转的本质，当然要谈，也才不会让英国人所说的穿高级西装的强盗银行家、金融业者摆布、剥削。“不谈钱才是君子”的教诲，会让谁得到好处呢？或许是经营者吧！员工因此会乖顺而不贪心，日本劳动的美德是“无欲且不抱怨”，不谈钱的员工是最便利的。

事实上媒体谈钱的不少，但都在谈多金与否、艺人才女跟富商交往等话题。日本也有如女医艺人西川史子，公然发言不把中低收入男人当人，曾说：“不跟年收四千万日元以下的男人交往，不符条件的男人给我赚到再说！”钱变成只是数字。在拜金、挥金等单元价值观之外，钱也是许多人的人生、生活、生命，是人的血肉，是事关死活的现实问题；不要说是开发中国家，连先进国家的日本首都东京，二零零九年开春就曾出现遭解雇的临时雇员没钱饿死的事件。

西原理惠子是乡下穷人家出身，到东京上学而向出版社毛遂自荐，逐渐获得成功。

她到一些不知名的穷国邂逅了许多穷孩子，因为体验贫穷、感受贫穷，觉得钞票格外真实，痛感有工作的幸福，也更认为人不能回避正视金钱。日本因为金融海啸及贫富差距变本加厉进行，历史上看钱最透彻的《资本论》再度获得重视，作者本人（马克思）彻底凝视、思考钱的本质，只是这样钱当然不会回转到他身上，而且有钱人都很讨厌他，结果他因穷困而让几个孩子病死或许他对没有钱在现实上会让个人破灭的觉悟太不足了。西原的结论是让小孩早点去打工，通过工作赚钱，通过钱认识世界，才能确保自己的生存与自由，以及守住温暖的家庭，当然也才能辨识政客或经济专家所说的“没钱是个人自我责任”。

物物交换生活无忧

最近日本收入不高的新穷人，
或是注重环保的主妇们，
开始了利用网络的新时代物物交换生活，
即使每个月只有十万日元收入，
也能过得相当富足，不再无精打采。
而且这种物物交换才是至高无上的节约术，
也是循环再循环的最佳环保术。

日本现在是很严重的M型社会，二零零六年起年收两百万日元以下的新穷人突破一千万。这些人几乎没什么性生活，饮食生活也很粗糙，非常悲惨，加上不景气，打工机会也大为减少。不过，最近这些收入不高的新穷人或是注重环保的主妇们，开始了利用网络等的新时代物物交换生活，大部分的生活所需用品，从计算机、家电、服饰到食品都能免费取得，因此即使每个月只有十万日元左右的收入，也能过得相当富足，不再无精打采。而且这种物物交换才是至高无上的节约术，所有的物质都循环再循环，也是最佳环保术。

事实上，许多外国人到日本，都会惊讶日本的垃圾实在是无尽宝藏，虽然现在有的地方政府也设有再生利用中心来充分利用普通住宅区抛弃的家具，此外民营的连锁二手货店、二手书店也非常普遍，但现在更多的是通过各种物物交换网站，让自己可以和全国各地的人交换东西，顶多只要付出运费，几乎想要的东西都可以免费取得。

日本最大的网拍网站“雅虎拍卖”，因为不景气的影响及卖主增加，上架的货品也增加太多，网拍已达饱和状态，找不到买主的状况大增，雅虎还因此成立过一个交换网站——“什么都交换”。虽然出货的主人无法换钱，但不必把还能使用的东西丢掉，而能去交换自己想要的任何东西，像是：“这个包包如果花五百日元，再加上运费，就不想买；但若不要出钱买，而是跟自己不穿的鞋子换，那就很不错！”

支持这些物物交换网站存在的，主要是基于“丢掉可惜，有人愿意用就好”的利用者的善意。虽然大部分的人都是用以处置自己不要的东西，而所谓不要的东西，绝大部分是冲动购物的后果或是中途放弃不再继续搜集的东西等；但自己不要的，对别人可能相当有用或感兴趣，愿意付运费来接收的话，也会好好珍惜吧！当然这其中也有些纠纷发生，例如人气很旺的 iPod 或是电玩机器等相对比较昂贵的商品或是有些人存心想诈骗运费，而让对方先汇款，结果却没有交货等。不过日本大抵现在已经有很完备的运费到付措施，客人在收货的同时支付运费给快递人员，就可以减少这类诈欺事件发生。

日本著名的交换网站非常多，像是“moratame”(www.moratame.net)，采用的是又拿试用新商品又可以累积点数的制度，商品主要是参加抽签便能得到，抽到的人只需付运费，大部分的商品都是厂家提供的宣传品，以食品等居多，非常实用。如果自己试用感想的博客获得引用或吸引他人购买等，也会获得点数，点数还可以换现金，就算自己没有博客也能参加抽签。类似的还有“monitor plaza”(mp.edita.jp)，也是写关于想要商品的感想、报道等，文章入选即可获赠商品，有博客的人都能参加。其他像CyberBuzz也是抽签便可领取商品，然后写关于该商品的文章或是参加商品活动的感想，并可领取报酬，但事前必须通过审查。

最近非常受欢迎的还有“ShareMo”（亦即分享货物）的手机网站，通过手机，几乎什么都可以跟别人分享，像是只会用几个月的婴儿车或玩具等，只需要支付运费，不用时也可以再上架等别人来要走。或者像“monochan”，便是最典型的物物交换网站，只要是十八岁以上登记为会员，从家电、漫画、汽车到婴儿用品等都能交换，网站机能非常齐全，而且所有交换机能全都免费，经营网站的公司完全不抽成，想要的东西也是只付运费即可获得。

要在交换网站上随心所欲取得自己所要的东西，有许多条件，例如不吝对货主称赞自己想要的东西，不要过度挑剔，这样往往比网拍还更有好货可捡，而且有进有出，拿到什么就捐出什么，循环才不会中断。虽说是数位网站，但在进行交换的还是人，必须要顾及人基本的礼貌及感受，例如有时回赠自己多余不要的食品、纪念品等，也算建立交情，说不定还有下次网上相逢的缘分。

除了通过网络交换，其实还有许多原始性的物物交换。例如不要觉得不好意思，可以出口问朋友：“你这个东西是否暂时不用了？”很意外地从名牌到大型家电，都可能从朋友处拿来或长期借用，朋友也觉得自己不必丢掉，较无罪恶感。此外许多人搬到较为乡下的农村居住，发现连稻米、蔬菜、衣物等都还是物物交换的世界，光是食品，如果换算现金，每年都要多花五六十万日元。这种乡村地区，都是近乎公社思想，比较昂贵的东西绝不独占，而且在鲜度不错时就分给别人，若等快不行了才送人，就不会有好的循环出现。此外物物交换，只要善尽利用，像是有虫蛀的白菜也费心烹调，其实也是对送主及白菜本身的基本敬意，而不必故意买什么去还，物物交换的基本原则就是不要特意去购买什么。此外，像送主是菜农或果农，给对方蔬果则毫无用途，必须要观察什么是对方可能用到的、不足的，而自己用不上的。

也有人没有可换的东西，便用人工如帮忙看孩子或做菜等来交换，结果几乎不通过金钱，也能在社会存活下去。现在在东京高寺开二手货店“非专业人士之乱”的店主松本哉，才三十五岁，便已深知物物交换是有很深内涵的，他著有《贫乏人的逆袭》及《免费生存的方法》，去收许多不用的“废品”，甚至还有高达二十万日元的东西，但这对不用的人一文不值，摆在家里都嫌碍眼。因此只要善加循环，收入再低，生活富足度也不输人。

下流肥的时代来了

下流之所以肥胖，除了低收入之外，

主要也包括工作意愿、学习意愿低，

总之对人生不积极，

全般意愿都低的人就会肥胖。

这样不仅是贫富差距社会，

而是体型差距社会了。

原本东方人都有吃得肥胖才是富贵的印象，日本也不例外，但后来渐受欧美影响，觉得如美国的中产阶级都是瘦子，低所得者才是胖子，胖子遭歧视为缺乏管理能力，影响社会地位、信用，事业、爱情、婚姻都很吃亏，才会导致中产阶级每天都跑健身房。日本近年来健身房林立，竞争非常激烈，月费甚至不到台币两千，有闲而非没钱（不需有钱）的男女群聚，健身俱乐部化身婚外情温床。畅销书《下流社会》的作者三浦展后来又写了一本《下流才会肥》，警告日本社会的年轻人不要选择太安逸的生活，否则就像是活在人间养猪场！

日本现在的国民医疗费中，有三分之一都是花在生活习惯病及其相关的疾病上，为了节省支出，还对肥胖者实施“特定健康检查”及“特定保健指导”，因为有以体格歧视的嫌疑而引起讨论。日本人已经觉得肥胖是穷人才有的问题，而三浦展则是用他做的调查，显示“低收入＋低学历＋未婚＋寄生（于父母家）”的人，越是肥胖。

当然，三浦强调自己的书有所不同的是：肥胖不一定会发生在低收入族群身上，他的“低”是比较全面的。下流之所以肥胖，除了低收入者之外，主要也包括工作意愿、学习意愿低的人，总之对人生不积极，全般意愿都低的人就会肥胖。此外，除了跟自己的社会阶层有关，如果父亲的年薪低，也容易肥胖，因此一胖连父母的社会阶层都会暴露出来，不仅是贫富差距社会，而是体型差距社会了。

为何消极的下流会肥呢？三浦指出，意愿低的意思就是凡事嫌麻烦，因此下流几乎是自己不做菜的，甚至连出门上餐厅、食堂等让人做给自己吃都嫌麻烦，都是选择可以边上网、边发简讯而边吃的快餐，甚至都不需要在餐桌上吃。而且下流收入不高，也吃不起像样的外带食物，都是便宜而高路里的简餐、快餐，不胖也难。

下流的饮食特征是不放在盘碟里吃，自己一个人吃，不吃生的东西，食材都已不成原形（像是碎肉等），单手吃，常用微波炉等。这种下流吃法也跟日本各类快餐风潮普及有关，除了路边有无数的快餐店，其他生活形态也已欧美化，像是搭车去大型购物城买进大量大包装的简餐、半成品加热来吃。快餐化多少也跟雇用型态有关，现在大家的工作时间都很分散，家人要围在餐桌前吃饭很困难，加上非正规的临时雇用增加，母亲也都不得不出外工作贴补家用，因此晚餐时间母亲不在或母亲累了一天回家也不做饭了。收入低的人时间其实也少，更无法好好有像样的饮食生活。

相对于下流越来越肥，大企业的社员则健康意识很强，许多企业为了珍惜人才以及减轻企业的保险负担，还采取扑灭肥满对策，因此体型的差距越来越扩大。胖子受苦受难的时代来了，因为会跟低收入的下流被画上等号！

女人越活越年轻

有六成中上收入的女人表示，

“即使年过五十，也想更上进、进化”。

这些女人的愿望不是“故作年轻”，

而是要回春，愿意为此花钱。

即使当冒牌货也好，

女人都需要世间或丈夫等，

把自己当成年龄不详的美魔女看待。

现在，日本贵妇都努力维持青春，成为所谓“年龄不详的美魔女”，俨然是许多杂志、电视的红人，引起普通人妻、主妇争相模仿，悄悄花大把银子购买各种美容用品以及学东学西，被称为“fake”(冒牌货）也不亦乐乎。显见让自己“年龄不详”本身，对女人而言是很重要的价值，花多少钱、被说是仿冒都无所谓。最近日本电视上的广告全是抗龄化妆品，像四十岁前后的女星如篠原凉子或永作博美等，以仿佛没化妆的素颜登场，广告歌词则是:“你，不可思议！你，到底几岁？”

这就是现在四五十岁的女人心。其他类似广告还有四十八岁的松田圣子及五十八岁的歌手中岛美雪连续拍了七个，都是类似的抗龄化妆品。比起二三十岁的女人，当然是四五十岁的女人对年龄更焦虑，更想变成年龄不详的美女、魔女。

这不仅是想当然的事，也是许多调查显示的结果。像电通总研曾经针对中上收入家庭（年收四百万日元以上的有车阶级）的女人调查自身年龄意识，有六成表示"即使年过五十，也想更上进、进化"；电通把这些不怕老，而不遗余力想创造新自己的意识称为"创造性加龄"，期待从这个观念来掌握新消费。

这些女人的愿望不是"故作年轻"，而是要回春、愿意为此花钱。她们自称是"美魔女"，这个名词是以四十几岁贵妇为目标读者群的杂志《美 STORY》的造语，专指"你，到底几岁"的年龄不详女人。该杂志刚选拔了"国民美魔女"，和响亮的"国民美少女"比美，在四五十岁女人之间蔚为话题。

美魔女类型有名牌取向的君岛十和子（嫁给君岛服饰集团小开的女艺人）型，重视流行与 sense 的黑木瞳型，还有追求可爱的松田圣子型；在杂志里登场的"真货"美魔女贵妇，都是丈夫年收两千万日元以上或是名门富家女等，不少人把自家豪宅一角改装为沙龙，招待客人或主宰与兴趣有关的画廊、教室等，亦即"沙龙贵妇"，如一周开一次红茶教室、色彩疗法教室等，优雅无比。而前往上课的就有普通家庭出身的"冒牌货"，以能和真牌美魔女的贵妇沾上边为荣。

美魔女是花大把银子努力回春，而模仿的冒牌货每个月也要花三万日元以上邮购回春化妆品或是去上昂贵的英语教室、高级糕点学院等，花多少钱都甘愿。这些普通人妻、主妇除了从丈夫薪水里悄悄支出外，也向娘家要求援助，甚至有人为此去风化店出卖肉体。风化业界表示，“许多上门的三四十岁主妇都说为了贴补家计不得不卖笑、卖身，但仔细一问，都是为了想投资在自己的青春上而需要钱！”

即使当冒牌货也好，女人都需要世间或丈夫等把自己当成年龄不详的美魔女看待，许多丈夫都不知道，如果多赞美妻子一句，家里每个月就能节省好几万日元的支出呢！

日本品牌大考验

日本市场被称为是独自进化的世界，
要求的质量基准与式样跟世界无关，
虽然培养出高水平质量与机能要求，
建立了日本顶尖品牌的地位，
但不知不觉也与全球规格、水平脱节，
在消费者之间的美好形象逐渐衰退。

新春期间，日本各地有大批多金大陆客杀到，大举采购家电、化妆品等，让人觉得日本品牌威力依旧。甚至连欧洲名牌钟表，大陆客也爱在日本买，

认为除了日本品牌之外，日本人也最可靠，不会卖假货，比日本人还相信日本人，反日的民族主义也放年假了。但日本市场本身从二零一零年底起，韩国等品牌开始大举进攻，二零一一年是这些亚洲品牌进军日本的元年，日本人爱用国产品的取向或许因此转变。学习日本流而席卷世界的韩流，在日本将如何出手？日本品牌是否还能维持不坠之地位？

美国顾问公司 Interbrand 发表的二零一零世界企业价值排行

榜，日本品牌的名次逐年下降，像是丰田排名十一，本田二十，佳能三十三，索尼三十四等，而日经 BP 顾问公司在中国调查的排名结果更糟，在北京索尼是五十四，在上海佳能则是三十四，日本的顶尖品牌在普通消费者之间的美好形象逐渐衰退，也让许多长年爱好日本品牌的台湾人有不胜唏嘘之感！

现在的日本年轻人不像中高年华人般酷爱日货，年轻日本辣妹在便利商店买韩国化妆品，年轻人也能接受韩国产的音乐机器，计算机也爱用台湾货。不过国产信仰浓厚的中高年人较无法接受韩货，家电量贩店很难看到韩国的 LG 电视等，但以后可能就会大为改观了，像三星的智能手机 Galaxy 跟 docomo 合作，找渡边谦等熟女杀手代言广告，对韩货的抗拒或许很快就消失了。

日本市场被称为像是加拉帕戈斯（Galapagos）群岛般独自进化的世界，要求的质量基准与式样跟世界无关，虽然培养出高水平质量与机能要求，建立了日本顶尖品牌的地位，但不知不觉中，日本企业也因此与世界规格、水平脱节。而且因为只以日本人为对象也还能撑持下去，企业都缩小海外本部，不像二十年前日本人努力在世界各角落冲刺，配合各国需要，贴心生产适合当地需要的机种，全球都是日本品牌的天下。像过去只有日本人深入巴西亚马逊深处营业，但现在都是韩国人和中国人。韩国企业跟二十年前的日本一样，勤于做各国市场调查，删除日本货不必要的复杂机能，生产因应当地特殊需求的机种，价格也减半，竞争力自然比日货强，现在许多国家从机场到市区的道路两旁都是三星、LG 等品牌的广告，日本本土是否也会遭韩货攻陷，二零一一年是关键年。

虽然有些日本建设机械等在世界大跃进，但日本品牌的形象、影响力都是汽车、家电等与生活相关的品牌所建立的，因此相关企业必须恢复以往的细腻、贴心，才能挽救品牌衰退的狂澜，也才对得起长年都是日本品牌死忠粉丝！

日本人的胃袋变大了

日本以前都只卖定量中号餐饮，

但近年来什么都变成大碗、大杯，

过去很细秀的日本人掀起mega热潮，

连带影像许多产品也大量化。

或许是长年来日本人都太压抑了，

现在终于自由奔放地大吃特吃一番！

日本人最近这两三年，餐饮、食品等许多商品都变成大尺寸了，全套上“mega”（百万）一词，亦即什么都巨大、无敌；过去很细秀的日本人掀起巨大的mega热潮，不但什么都变成大碗、大杯，连带影响其他许多产品也大量化。或许是长年来日本人都太压抑了，现在终于自由奔放地大吃特吃一番；不过日本人自古以来也说过：“饭给大碗的阿嬷的店，生意必然兴隆。”mega畅销，大碗热暂时还不会止息！

近十年来大食比赛的电视节目很有人气，大食男女让人觉得很酷，所以像我这样的大食女也赶热潮出柜，不再假仙含羞吃少了。普通人也相继去许多让人挑战大食的店体验一下，当然吃不完就要付出巨无霸餐饮的钱，还满羞辱、惨痛的！但是日本麦当劳在二零零七年一月推出 Mega（无敌）大汉堡之后，超有人气，大举带动营业额，最近三年连续成长，让其他业者争相仿效。像是有家牛丼[1]（牛肉饭）连锁店，推出 mega 牛丼饭，牛肉量是普通尺寸的六倍，饭则为三倍，非常有人气，几乎所有牛丼迷都会挑战一次，其他如 mega 拉面、mega 咖喱等，都很受年轻人欢迎。

不过这么大量的餐饮，要吃完还满不容易的，很像跑马拉松的感觉，刚开始时还满亢奋，但接着逐渐吃力起来，食速变低，不过最后看到碗底时，就跟看到终点线一样，有无限解放感，情绪又开始高张起来，吃完的瞬间有高度成就感。但也有许多人吃一次之后，才觉悟自己的胃袋没办法太伸缩自如，下次终于不敢妄想了。

也有许多餐厅推出比大号稍微大一点的餐点，是普通的两至三倍，也叫 mega，真的很有人气或许自己吃不下，看别人吃也不错。甚至连纯和风的店也有 mega 餐点，如 mega 荞麦面、mega 烧鸡等。许多人表示吃 mega 本身会觉得很过瘾，有奢侈的感觉，而且划算，像只是多付一点点钱就可以吃很多，不用担心吃不饱，本身的安心感很重要。网购的 mega 食品也越来越多，像是零食、寿司材料等，因为 mega 在店里可能发生吃不完的惨剧，但订购送到家，就可以大家一起吃。其他如吸油面纸，亦即超大张吸油面 mega 纸，再大的脸也能一次盖住。

日本以前都只卖定量中号餐饮，即使个人餐厅老板炒饭多炒了点，还会特地在客人眼前拿掉一些，以符合标准尺寸，让人觉得开餐

1　丼：日本的盖饭。

厅还怕人吃。但现在大家发现，不景气时代更需要大方给大碗的，至少大部分餐厅现在大碗饭或加饭都不加钱了。不过原本是世界最长寿国的日本，却很可能因为吃得太撑，不再健康而失去宝座！加上日本食粮自给率只有四成，其他全仰赖进口或许 mega 热会逼使日本人回头重视农牧业吧！

复刻版的流行方兴未艾

复刻商品对企业而言，
不需研发费用，能降低成本，
因为熟悉而有安心感，
“限期复刻”还能让珍奇性加倍。
这也显示现在主导流行的，
未必是没钱而不积极消费的年轻人，
而是多金的中高年人。

复刻版的流行，在日本从没断过。这原本是指书或唱片、CD等在绝版后又重印、重压，再度复生问世，尤其现在书籍或CD等上市，往往不到几周或半年就从店头消失，复刻版成为常用语。但最近，许多食品、饮料，乃至电玩、文具、服饰等，也大举推出复刻版，有的是五十年前的老版本包装、图案，也有的就是几年前曾风行过的口味。复刻版人气旺，销路都是当下新版的好几倍，背后除了有企业对市场调查投入的努力，也显示现在主导流行的，未必是没钱而不积极消费的年轻人，而是多金的中高年人。

在日本，“复刻”两字原本是指复刻浮世绘，亦即从现存的作品中找出最接近初版的作品，雕师必须尽量忠于原作而依色分版来雕刻，采用樱树古木，需要高度的技术与纤细的神经，因此“复刻”香气格外浓厚，比“再版”、“重印”、“复原”等要有味道。或许复刻版这么受欢迎，也是因为本身的慎重其事，是经得起时代考验的玩意儿才有复刻价值。

书籍的复刻原本就有专门网站，想要让绝版书复活的爱书人可以去投票，达成“书物复权”，绝版好书、漫画等也常因投票人数众多，而促使出版社复刻重见天日，即使版面刷新，也算是复刻。但最近流行的各种零食、啤酒、餐饮等的复刻版，则相当忠于当年推出的味道、包装，业者也开设类似图书的复刻投票网站，看看哪种味道最令人怀念，便有再度问世的可能。像最近森永、明治、罗德、固力果等都推出复刻系列零食；复刻版食品一多起来，各处的便利商店、量贩店等也搞起复刻企划，如7-11推出“回想本铺”等。

复刻版也有如麒麟一百周年纪念时推出复刻版明治、大正时期的LEGAR啤酒，两年多来人气不坠；横滨BEER NEXT也贩售明治时代的啤酒，味道还满苦涩，泡沫也没现在的多，但仍受欢迎。或许“复刻版”提供的是时间旅行的奇妙感受，事实上喝过明治时代啤酒的人一定不多，与其是怀念、回忆，重返古老美好时代，其实是新的体验，因此复刻版啤酒还可以卖到海外去。其他如三多利的Torys威士忌，则是复刻一九四六年时的味道，也很成功。这种把戏，许多服饰也玩过，像香奈儿复刻早年的包包，没用过的人也在电影、杂志里看过，都会想要入手，体验某种想象的金色年华。有的复刻商品是复刻不久前消失的味道，像Mister Donut曾经复刻一九七一年问世的奇仕多，也有二零零七年让人记忆犹新的抹茶巧克欧菲香[1]。

复刻商品对企业而言，不需研发费用，能降低成本，因为熟悉而有安心感，有的还是“限期复刻”，而让商品的珍奇性加倍。许多复刻商品都是曾经尝过、享用过的中高年人乐于购买，因为他们的钱包最鼓，也让他们能复刻记忆，至于新一代也会好奇，亦即知不知道都感兴趣。此外，许多商品是因为自己投票而复刻，也让人很有成就感，亦即消费民主化的体现，复刻版热潮正方兴未艾！

1 Mister Donut 的一款很受欢迎的甜甜圈。

谁能抵抗归零的魅力？

最近受欢迎的零食品、零饮料，
让人错觉再怎么吃喝，似乎都很健康
——这就是奢侈的现代人追究的零效果。
人生也是如此，许多人梦想，
自己只要有一天归零，
迷你出走一下或许将出现许多新的可能性。

日本最近有归零热潮，尤其是食品、饮料，全部都打上“ZERO”的不少，各厂家争相推出“零”系列，设计各种“0”、“ゼロ”、“ZERO”的标志，拼命想用“零”来争取人心，“零”大概进入了史上最红的时代。许多中年男女也期待，不仅是糖分、卡路里或酒精能归零，就连婚姻或不愉快的人际关系也都能如打电玩般，全部归零，从头再来。

最近受欢迎的零食品、零饮料，让人错觉再怎么吃喝，似乎都很健康，吃了等于没吃——这就是奢侈的现代人所追究的零效果，零卡路里、零脂肪、零糖分、零胆固醇等，其实未必真的全部没有，只是微量或改以其他代用品，反正只要加了“零”就会畅销。而这个零是绝对的零，并非是加在存款数字后面的零，但同样受欢迎。

归零志向尤其以年过三十的男女最强。女人原本就注意健康，拼命想排毒，相信养颜护肤有用，这也是一种归零概念；她们原本就注重“无”，例如无农药蔬菜、无添加火腿等，最近“无”不够看，也全都改成“零添加”、“零农药”等，“零”似乎比“无”更高一等、更为彻底。

男人则是从二零零七年日本严格追究酒驾起，“零酒精”饮料就很受欢迎，尤其是零酒精啤酒、零酒精红酒，让人有喝酒之名而无喝酒之实，就跟吃素鸡、素鸭般，干过瘾也不错。此外，日本从二零零八年起课以企业员工“内脏脂肪型肥满”的对策义务，果然让男人在乎起“零”来了，例如要喝“零糖质”啤酒，选了“零”就会心安。

但要归零并不容易，许多企业也经过相当的努力与挣扎。著名的例子是有一百二十年历史的三矢苏打，从明治时代贩卖至今，是许多文豪如夏目漱石、宫泽贤治等人的最爱，三矢苏打的历史几乎等于日本清凉饮料史，二零一零年要推出“零卡路里、零糖质、零保存料”三零苏打，连公司内部反对声浪都很大，花了三年才协调及开发完成。关键就在于“零”并非等于难吃，顾客如果有将就、忍耐的感受，是不会再买的，“零”除了安心之外，还要美味才行。为了要弥补三零之后味道的空虚，三矢开发了拿到专利的苹果酸，让大家觉得三零之后的苏打还是苏打，风味未减。

日本的“零”元年是一九七三年，亦即老牌喉糖“浅田饴”推出零糖喉糖，零糖已成最基本的零，男人也都会拼命在自动贩卖机前寻找零糖罐装咖啡等。不过同样是“零糖”，也有放了甘味料的“零糖类"或是真的连甘味料、淀粉质等都不放的"零糖质"，同样归零，程度各有不同。人生也是如此，许多人梦想自己只要有一天归零就好，迷你出走、失踪一下或许因此将出现许多新的可能性！

PART 5

两性次文化

AT & JET LICENSE
¥59,000~
NTAL BOAT & JET
¥8,000~
KE/BOARD SCHOO
¥8,400
NTAL STUDI
1h-¥1,
rienda

难解新种男女大增殖

近年日本社会从大众变成分众、小众，

价值越来越分散，

人际关系越来越碎分、疏离化。

现在出现许多新种男，

让人不懂他们在想什么，

而女人也不服输，

看来生猛的突变新种男女将越来越多。

二零零九年，日本为了草食男、肉食女、森林女孩[1]或就婚活动的"婚活"[2]等骚动不已，但女人觉得草食男还比较可爱，至少在理解范围内，现在出现许多新种男，才让人不懂他们在想些什么，然而男人也觉得女人超乎他们想象。基本上，社会不仅从大众变成分众、小众，价值越来越分散，人际关系越来越碎分、疏离化，开始追求传

1　意指穿着打扮或生活样式独特，全身散发自然温柔的氛围，好像在森林中成长的女孩。

2　一切以结婚为目的的活动，比如相亲、约会、参加派对，甚至包括去健身、化妆等完善自己、提升自身竞争力的活动。

统社区关系或爱社精神的新种向心力也出现了，这些新种势力将有多生猛呢？

最近日本有许多年轻男人成了狂追杰尼斯的热烈粉丝，在演唱会场非常突出。他们并非是陪女友追杰尼斯，而是自己迷恋杰尼斯；并非是为了美少年容貌秀丽，而是“想学杰尼斯对世界传播爱”或“能够坦然表达、叙述对母亲的爱”等，理由有虚无也有真实。这些追杰尼斯的男人都有女友，但手帐贴满近畿小子或岚等杰尼斯团体的照片；他们不承认自己跟女人一样在追星，而只是在守护这些偶像的活动而已，道理难懂！

不婚族增加，但早婚男也增加，早婚的原因是不想花力气追求、约会，认为谈恋爱很徒然，早点结婚，可以让人生早点安定下来，而并非奉子成婚。像主演电影《无人知晓的夏日清晨》而成为史上最年轻拿下坎城影展最佳男主角奖的柳乐优弥才十九岁，二零一零年初就结婚了。只是早婚男多少让人担心会是很早就干枯的草食男或哪天会突变成四处拈花惹草的肉食男。

最近还流行爱乡男，像是因连续剧《ROOKIES》而爆红的市原隼人，到现在也不时会返回川崎和初、高中的老朋友玩，女友也是川崎人，他爱乡的原因是“跟不熟的人在一起，非常棘手”，被笑是井底蛙也无所谓。中年男人也有爱乡热，但多少有点野心像是想出马竞选等，例如主演《大搜查线》的四十九岁男星柳叶敏郎，近年把生活据点放在老家乡下的秋田大仙市，除了家乡养儿育女的环境好，也有可能会参政，而这类展望则是年轻爱乡男所没有的。

还有“里程数修行男”，既非出差也非观光，却拼命搭飞机，想累积里程数。最近里程数修行男的博客纷纷出笼，有人一天往返羽田一八丈岛六次或是出差搭机当天往返大阪、羽田后，又马上飞大阪伊丹，热心不会输给《型男飞行日志》的主角，根本不是出差也乱飞。更有“爱社精神男”，四处在网上投稿以自己的公司为傲，像是说：“我们公司的商务模式棒透了，大家还没注意到吧！”起初以为是在帮公司宣传，仔细一看都是本人真的爱社或是想炫耀自己在厉害公司上班的优越感。

男人样子多，女人也不服输，有人迷上杀害英国女性的凶手市桥达也，自称“市桥姊妹”；也有所谓“流感女”拼命体验、购物等而写起流行趋势博客，妄想一举变身博客女王，而成为新产品发表会的贵宾。看来新年度的突变新种男女越来越多！

男人也讲求美形的时代

杂志披露在东京工作的好男人，
都是充满笑容与自信的开朗男人，
随时会以宏观的观点思考时代及人生，
对工作有斗志及不断充实知识的同时，
也有自己的理想和浪漫情怀，
还会培养许多意外的特技。
表里都有点看头，才是当代成熟的男人。

日本许多女性杂志不时都会介绍在第一线发光发亮的好男人，这些男人虽然可能是专心埋头工作的宅男或在外营业的企业战士，在对工作有斗志以及不断充实知识的同时，也各有自己的理想和浪漫情怀，还会读小说或培养许多意外的特技，而且对自己的外观或健康状态满在乎的，即使并非帅哥酷男，也都把自己整顿成美形的男人，表里都有点看头，才算是当代成熟的男人。

像最近《an.an》等杂志披露在东京工作的好男人，都是充满笑容与自信的开朗男人，随时都会以宏观的观点思考时代及人生，因此有人居然有出乎意料的人生目标。例如有位在信托银行工作的二十七岁男人，每天的零食时间都吃面包或饭团而一边查看市场动向，居然最终是想当牧师，说起梦想时眼瞳闪出光辉。他的自由时间是用在准备考证券分析师资格，以及靠住宅附近的坡道锻炼身材或是到海边潜水、堆燃营火；做的是细腻数字的工作，嗜好则有几分野性，八九点下班之后跟朋友聚餐等身心平衡都不错，外型并不特别帅，但想象西装下也是健康的肉体，性格可靠而有承担、热情。

这是现在日本上班族的典型，on 和 off 分得很清楚，在工作上追求充实感的同时，也很高明地追求自己的个性及嗜好，并且巧妙地活用在工作上。日本现在比较先进的企业，也都强调多样性以及生活与工作的平衡感。

曾经见过近百位好男人的一位编辑朋友表示："这些有才华也是生活高手的男人，有个基本事实是都适合穿西装，即使平时不穿西装的艺人或音乐家、园艺师傅等创意工作者，让他们穿西装也都是像模像样的。工作男人的铠甲对他们来说，都自然会贴身起来！"或许有在动脑筋及出力的男人，都是挺起胸膛的，充满积极性与阳光般的笑容，也有清洁感，都算是美形男人，真挚的姿态甚至溢出高贵如王子般的品格。因此，许多专家都劝女人想象自己的男人是否是适合西装的男人。

公司推荐能代表公司的好男人，除了工作能力不错，周末都是户外派居多，像是爱打球或爱泡汤的旅游专家。也有男人的兴趣是做菜和打扫或是在公园喝啤酒读书等，大抵彻底远离工作，因此感情表现丰富，气质很好，在拥有锐利知性的同时，意志也坚强，自然是美形男人。在寒冷的冬天及时代气氛下，在这种男人身边却随时都会吹起清爽的温风，即使发生什么事也稳如泰山，出嘴的语言每个字都反映出他们的人品，对别人有基本关怀，喜欢接近人。他们的目标真的也很多元，有要当牧师的，也有想当导演的或将来要返家而振兴故乡，抑或想参与福祉政策而让街头不再有游民等。

至于心目中的理想女人，美形好男人都很睿智地不会对女人预设条件，许多男人表示只要年纪不比自己母亲大的都 OK，还是在一起开心最重要。大概女人要是真的遇到这样明理的好男人，也不会在乎对方是否为美形了，但现在这个时代，美形的确已经成为好男人自然发生的必备条件了。

追求坚强与包容的森林女孩

在草食男的想象中，
森林女孩是含蓄、有透明感，
环保、天然而无添加的原味女孩，
但她们真正心向往之的男人，
是奔放且坚强的野外求生系男人，
真相绝非如草食男的幻想！

最近两三年，草食男泛滥蔚为话题，现实上男人的确因为社会给的资源并不特别多，事业机会也没获得特别保障，变得非常保守化，对性爱很淡泊，愿意花费在女人身上的精力、金钱有限，不管恋爱、结婚都对生猛的肉食女很害怕。当代草食男理想的女性，是最近急遽增加的所谓"森林女孩"(mori girl)；在草食男的想象中，她们是在森林出现的含蓄、有透明感，环保、天然而无添加的原味女孩，但自命为"森林女孩"的女人，真相绝非如草食男的幻想！

"森林女孩"是最近两三年在SNS网站(社交网站)成立的社群，形像是"好像生活在森林般的感觉"，这种独特的世界观慢慢渗透，会员数已超过三万六千人，女性杂志曾经出版一本《森林女孩 A to

Z》，结果瞬间售罄，成为新的社会现象。

典型森林女孩的生活，平日是OL，年龄约二十五至三十五岁，周末四处寻找北欧绘本书或参加农业活动，化着非常淡的自然妆，穿白色或米色等有机纯棉洋装及黑棉连裤袜，外加平底鞋等。随手拿着数码相机，拍下生活小点滴，如散步中的猫狗或在涩谷、代官山、中目黑的专卖欧美书店闲逛；午餐或咖啡时间都选择对食材讲究的自然有机cafe，对于手工做的服饰、糕点等有兴趣，自己也学习缝制或烘焙等。森林女孩的偶像是演笃姬的宫崎葵、女星苍井优等，绝非性感取向，而是有透明感、环保感，有自己的执着，不轻易受潮流及别人摆布。

在草食男的想象中，森林女孩因为有所矜持，没什么男人缘，但事实上不然，森林女孩也有男友，交往期间也都至少两三年，以比自己小的男性居多，对象有不少是当下泛滥的草食男。这是因为森林女孩喜欢单独行动，希望维持独自的生活时空，不希望被男人独占，如果是草食男，则不需要每周都约会，即使上床，也大抵是森林女孩采取主动，出口相邀。

森林女孩并非如草食男想象的无欲含蓄，许多森林女孩对于男人或性爱相当积极，虽跟草食男交往，但另有理想男人形象，就是用传统手法狩猎的“猎男”。她们不以高级品牌或夸张的化妆等来装饰自己，深知自然、环保取向更受男人欢迎；她们真正心向往之的男人，是奔放、坚强的野外求生系男人，对于性爱能积极回应森林女孩的需求，绝不淡泊，对森林女孩的生活模式有所理解，有弹性地主导，尤其非常有包容力，跟野蛮任性的肉食男不同，也绝非年轻无力的草食男。森林女孩并非存在另一个世界，而是有血有肉的普通女人，但能够呼应她们需要的男人太少了，只好以眼前的草食男将就一下！

最后五分钟决胜负

最近流行的“最后五分钟决胜负”，
就是要追求“终端残存效果”。
初时装傻，迁就、配合对方是必要的，
在最后五分钟时则全盘出击，
直逼核心，打动对方，
让对方觉得这不起眼的家伙，
意外有两把刷子，而开始感兴趣。

虽说内在、实力比容貌、外在更重要，但人很脆弱，对人的感觉有九成是外在决定的，甚至还会被说是内在不足，外在才不够看。若第一印象不好，不容易顺利进展或有第二次机会，但厉害的男人则反而不抢第一印象，而是在最后五分钟便能全盘扳回，效果满点。像有人穿着连锁店的平价西装，完全不起眼，不管是要交涉、推销或跟女人约会，单从外表看，九成会出局，让初次见面的人觉得“这家伙没什么”；而且乖顺、沉默，不主动说太多，一反至今大部分传统的业务做法都是要人尽管承诺，“这个也行，那个也行”，全打包票揽在自己身上。但其实说得越多，对方越会端起架子来，自己也可能开出不当的支票，超出预算。

第一印象不要抢眼，让对手不把自己当一回事，掉以轻心，才会有机可乘，让对手说出他原本没打算说的话，也更能了解其真正心意，掌握客户需要。反正大商谈或爱情都不会在两三分钟内就敲定，初时装傻、说话配合对方是必要的。

现在男人说话都不大迁就、配合别人，女性杂志调查显示，女人外遇或劈腿对象的职业大抵是接客业，如美容师、美发师、按摩师等，名作家江国香织也认为，“调酒师、编辑最会掌握女人心！”主要是这些男人很会搭话，于是很容易套牢女人。推销、业务等也一样，不需要一开始便抢客户的话。

最近流行的“最后五分钟决胜负”，就是要追求“终端残存效果”。人对最后看到的事物会留下强烈的印象，像是觉得“那家伙人不错，但醉了就很差劲！”说来说去没好感，都是最后喝醉的印象太强烈了。迁就对方，但不能停留在蠢蛋阶段就结束了，而是要在最后五分钟时出击表示：“我整理一下您说的话，您觉得贵公司需要X，为此需要Y。”直逼核心，打动对方，让对方一震，觉得这不起眼的家伙意外地有两把刷子，而开始感兴趣。就像有些会议里，有些嘿嘿傻笑的年轻人，发起言来往往让人觉得比正经八百说道理的人更有说服力，也是跟原本认知不同所带来的意外性效果。

日本人尤其特爱最后五分钟扳回局面的做法。大部分的戏剧如《水户黄门》、《远山金四郎》等，主角都是乍看不起眼而三八气十足的家伙，但最后五分钟却让众人刮目相看，也同时抓住观众的心。许多吃得开的男人也经常漏洞百出，像是约会迟到、预约的餐厅不理想等，但要分手前必会说出有震撼力的台词来称赞女人，让女人最后留下良好印象，整晚约会的感觉美妙无比。这些事业、女人都吃得开的男人，很自然地会有如此戏剧性演出，无往不利！

该男人找长期饭票了

以前女人的收入都设定比男人低，
属于贴补性收入，
但现在女人也能单独养自己甚至养家，
收入不输男人的综合职业女性备受宠爱，
许多飞特族[1]拼命想找这些女人扶养自己，
连中年男人也在物色，
想让不成器的蠢儿子“永久就业”！

日本软库（Softbank）最近有一支手机广告蔚为话题，剧情描述白户家阿嬷若尾文子再婚，对象是小她五十岁的松田翔太，而且这位年轻的阿公是吃软饭的剧团演员。这支广告反映了年龄差距很大的老少配可以被接受，甚至跟孙子般年龄的人结婚也不足为奇。虽然从前是老男少女，现在可能是少男老女，以往是女人找长期饭票，但现在男人也开始找长期饭票了，不仅在广告里，现实社会中男

1　飞特族，是 Freeter 的译音，是英文“自由”（free）与德文“劳工”（arbeiter）的组合字。Freeter 代表的是一种自由的生活方式。

人也真的在找能扶养自己的女人了。

近来很轰动的《大奥》，则是一部将军是女人，后宫有三千帅哥服侍的男女逆转电影，在日本已经不会将此当成历史科幻片来看待，而觉得越来越接近现实了。根据日本总务省有关消费型态的调查显示，三十岁以下的单身女人月收入多于单身男人，相对于男人的二十一万五千日元，女人多了三千日元，这是此项调查从一九六九年展开之后首次出现的男女逆转结果。以前女人的收入原本都设定比男人低，属于贴补性收入；但现在女人也能单独养自己甚至养家，像是收入绝不输给男人的综合职（担任核心业务的正社员，也是主管预备军）女性备受宠爱，许多飞特族拼命想找这些高收入女人来扶养自己，连中年男人也在物色，想让不成器的蠢儿子能“永久就业”！

事实上，有些老爹若有二十几岁的儿子带了三十几岁的女人来，介绍说：“这是我女友。”而女人说：“我能保证你儿子一生的幸福！”老爹一听比自己儿子年龄大的女人是在安定企业上班的综合职，不但不再吃惊，还会感激涕零，窃喜不已，觉得：“儿子毕竟跟我很像，有逮住好女人的才华！”因为儿子可能是无业游民或是大学毕业多年还在追求自我的搞音乐、剧团等的艺术工作者，女人很认真地表示支持儿子追逐理想，天下还有比这更美妙的事吗？

以前“保证一辈子幸福”是男人才会吐出的台词，但现在变成女人很神气地对男人的父母断言，这也是男女收入逆转的证明。因为男人大多在制造业等工作，为不景气而受苦受难，而女人活跃的医疗、看护等领域近年则大为成长。而且事实上，女人往往比男人更耐操，许多业界的现场主管都痛感“女人比较优秀”，有的女人比男人会赚钱是很自然的。

日本是在一九八五年实施男女雇用平等法，工作仕女有四百五十万人，年轻男人不是草食男就是便当男，虽然没什么不好，但缺乏冲劲，加上遇到超就业冰河期，动辄放弃就业活动，成为“脱离战线组”，只好仰赖女人来扶养了。但不管女人多进步，也还是无法全面肯定“全职主夫”，尤其自己在外打拼，疲惫不堪地回到家，男人却只是傻傻发呆，会让女人很不甘愿。因此即使在家，男人也要能完美地做好家事、育儿，同时努力储备、提升自己的能力，还要有充分的社会性，就像优秀的全职主妇也会是优秀的 OL 一样！

跟跨性别大姊学处世术

横跨阴阳两界的大姊头名人受欢迎，
是因为他们的处世术，
是从克服世间的歧视与偏见磨炼出来的，
早已不受制于普通胜负的束缚，
直见事物本质，聪明察知周遭的要求，
持续最佳的演出，
这或许也是普通上班族需要的处世智慧。

日本最近几年电视上出现的，都是许多跨性别的大姊头，亦即生理为男性，但性认同为女性的人。有的打扮是艳丽女装，有的则是维持男装，但皆坦然以女人味为卖点。从服饰、美容、料理、花道、演艺等各方面，都有许多横跨阴阳两界的大姊头名人，而且进出电视的黄金时段节目。他们之所以受欢迎，其实是因为他们比普通人更能透视世间百态，因此蹿起很快，这些处世智慧也让上班族都觉得应该好好学习，不男不女反而成为出头的最重要凭靠。

这些大姊们的一大特点就是，凡事都直言不讳，什么都打开天窗说亮话。这些话若是男人说会得罪人，女人说则带刺，听了很不舒服，但大姊们非男非女，而且长年被人说惯了，白眼滋味也尝多了，说话自然不会伤人，却也是想说的就说，让观众都觉得他们代为道出了自己的真心话。他们的基本原则是："尖锐的话，只对自己关心的人说，不相关的人是不会轻易出口的！"

这些大姊们能博得人气，有许多原因。第一是他们深知天下看不起自己的人很多，烦恼也没用，彻底觉悟自己的处境，反而非常开朗，很自然地出示自己的弱点；就像许多秃头、胖子，如果懂得自我解嘲，反而能缓解自卑感。他们从男女两边的立场来看事物，相继都成为人生咨询专家，在日本社会拥有绝高地位，例如美轮明宏等人；因为对女人而言，这些大姊们不会有想勾引自己的威胁感，又很了解男人心理，能从双边观点来分析，了解烦恼源由所在，又很会听别人说话，让人愿意对他们掏心，也愿意听他们的劝告。大姊们因为永远都是社会的少数派，长年处于逆境，很难如意，普通日本人都很脆弱经不起打击，但大姊们则有直视逆境、克服辛酸的耐力，不会轻易被击垮。他们也是愈疗高手，靠自嘲让别人发笑、放松，而不觉得丢脸，例如曾帮朋友担保而负债好几亿日元等，让人觉得："原来世间还有比我更惨的！"

大姊们还拥有各种温柔，像是口气、措词温柔，直话直说，也不会引起反感；此外他们的动作也很优雅，经常研究、意识到要怎样才会看起来温柔有教养，贴切地使用普通女性都已经不会用的敬语，宛如川端康成小说中出现的理想女性，满口都是优美绮丽的措词，给人绝佳的印象。此外，他们也很会打扮，几乎所有的大姊们艺术修养都很够看，为了追求美，不惜耗费相当的金钱与时间、精力，他们推荐的许多化妆品都是最适合女人使用的。不过他们的虚荣也绝不在普通男女之下，最爱皮草、高级车等，消费活动旺盛，有点不太环保。大姊们从艺术精品到知性的玩意儿都相当精通，而且会挑战普通男人不太钻研的化妆等领域。

大姊们最重要的本质是不会太傲慢，不会对人施压，他们对讨厌的人反而会故意很亲切照料，而在内心嘲笑对方。大姊们都认为：“人只要笑得出来，就是赢家。”他们的人生胜负基准早已超越普通人。他们的处世术是从克服世间的歧视与偏见过程中磨炼出来的，早已不受制于普通胜负的束缚，直见事物本质，聪明察知周围对他们的要求，持续最佳的演出。这或许也是普通上班族所需要的，亦即拥有更高级的价值观，从较宽广的角度来演出自己的上班族物语，人生必然更顺利、充实！

不知道为什么要结婚？

现在的年轻人对未来不敢奢求、期待，
做什么都欠缺动机、饥渴，
对结婚也会因为小问题就裹足不前了。
男人尤其怕被拒绝，
坐等女人来求婚，不论男女，
都不太想自己出口说要结婚，
好像说的人就要为婚姻生活负责。

不婚、非婚时潮持续流行，一方面是因为时代方便、丰裕，谁都能轻易拥有无数音乐、影像或电玩软件等，容易满足；此外年轻人对未来不敢奢求、期待，做什么都欠缺动机、饥渴，对结婚也是一样。许多男女交往多年，觉得迟早会结婚，却有理由不结婚，像是："我没有什么朋友可以招待来参加婚礼，很糗。"或者"我怕零用钱减少。""两个人都工作，我还要做家事，很吃亏"。甚至也有人表示："我太胖了，等我能漂亮穿上婚纱礼服时再说啦！""我才不想让他父母觉得我贪图什么呢！"不婚借口多多，说来说去，就是年轻人已进入不知道为什么要结婚的时代了。

以前日本人多少认为人该生孩子、留下子孙，但这种思想已经消失了，结婚生子若不好玩，那为什么要做？就像现在许多孩子不上学，理由是“上课很无聊”，但以前上课更无聊，大家都还是去上，拿好成绩进好公司，追求丰裕生活，而现在的孩子则没有这样的饥渴，对婚姻或性爱也一样，会因为许多小问题就裹足不前了。

像有人说：“反正交往这么久了，没什么好求婚了。”找不到积极的动机；或者两人曾去旅行，暧昧表示：“若是每天都像这样一直在一起多好。”但对方只是嗯一声，没有听进去。结婚或许需要一点冲动，但还必须两人都有冲动，现在不会有人像“一零一次求婚”般拼命求婚或逼婚了，男人尤其怕遭拒，坐等女人来求婚，不论男女，都不大想自己出口说要结婚，好像说的人就要为婚姻生活负责。也有人觉得还会遇到更理想的对象，即使论及婚嫁，却不表态，拼命联谊，结果被盯梢客缠上。

男人尤其担心结婚要负责生计，自己没钱可花，严拒零用钱制度，不想让女人花用他们赚的钱的男人越来越多，都说：“自己赚的钱自己不能花，太不合理了！”女人也察觉到这种趋势，若因结婚而辞职，还得看男人脸色，很不舒服；但若两人都工作，女人也不愿男人动她收入的脑筋，像有男人表示“两份薪水就能住更大的房子”，就被要求分手。但钱包完全分开，夫妻关系也会过度清爽利落，若说水电房租等共同分担，就会想到：“我代垫的洗衣费、牛奶费怎么算！”更不懂为什么要结婚了。

也有女人对婚礼有憧憬，而想结婚或让父母看到自己穿婚纱的模样，但男人觉得花大把银子搞婚礼很划不来。若一方是独生子女，父母很兴奋，但另一方家里已嫁娶两三人，两家温差大，也会让原本不积极的男女觉得“那就算了”。而更多男女虽不想失去对方，却不想同居，担心自己的邋遢模样被对方看到，而让对方有外遇；或是自己的领域不想让对方入侵，若结婚不同居，那还可以考虑。只是那干嘛要结婚？

中年夫妻的寝室学

要是在欧美，

夫妻分房睡许还会闹出离婚问题，

但日本现在则逐渐落定，

以夫妻感情良好为前提，

重视两人工作、起居作息的节奏感不同，

而认为分房算是一种“发展性解消”，

夫妻寝室学越来越有得探讨！

日本最近流行许多名词，如“夫妇别寝”、“半别寝”或“别寝室”等，因为男女到了中年，要好好入睡不容易，而年过四十，睡眠不足不仅体力衰退，连精神都会脆弱起来，疲倦无法缓解。睡眠不足、失眠等是万病根源，在改善睡眠方法、添购新寝具之前，要先思考夫妻的寝室学，这门学问已经影响建筑、装潢及家具等各行业，不仅是夫妻间的问题了。

日本寝具业者调查发现，日本五十至五十九岁的夫妻只有百分之七十仍然同房，即使同房也早就不同床，六十几岁一代的则过半分房睡了。若从夫妻性爱观点来看，会觉得有问题，但从健康观点来看则完全不同，专家甚至劝男人早点跟妻子分房睡，才能安心入眠，因为现在几乎都是妻子提出要分房。妻子由于丈夫夜夜迟归等，但自己得早起伺候家人吃早餐、出门办杂事等，需要充分睡眠，而丈夫对于妻子主动提出分房则很不安，担心夫妻关系已经出问题。

要是在欧美，夫妻分房睡或许还会闹出离婚问题，但日本现在则逐渐落定，以夫妻感情良好为前提，重视两人工作、起居作息的节奏感不同，而认为分房算是一种“发展性解消”。许多夫妇虽然同房分床睡，但同房烦恼说不完，像是鼾声、寝室温度和亮度的问题；有人睡前想看电视，有人则想读书；或是一方很难熟睡，翻来覆去或不断上下床，抑或有人夜里一定要上厕所一两次等，妨碍睡眠的因素太多了。许多日本男人说：“跟朋友喝醉回家晚了，同房先睡的妻子无言的压力实在太大了！”也会感受到分房的需要。

即使是年轻佳偶，也有寝室问题。日本年轻男女欣羡欧美夫妻，结婚时都选用双人床为主流，但维也纳大学让八组二十几岁的未婚情侣参加实验，先是十天同床睡，其后十天则不同床睡，其后进行智力测验，发现男人同床睡时大都无法沉睡，测验结果比女人糟很多，而女人则在双人床上较能沉睡。许多女人跟情人或丈夫撒娇，要对方哄自己入睡，其实是有科学根据的；而男人和女人同床共枕，知性和健康则好像都会出问题的样子。

日本不少夫妻趁儿女离巢等而分房睡，但分房也有分房的问题，肌肤之亲和关系确实会稀薄化，原本不大说话的夫妻干脆过无性生活居多。分房之后，“夫妻关系疏远”者是“夫妻关系改善”者的三倍，而且没办法注意到对方深夜时身体不舒服、突然恶化等或是地震、火灾时无法互相提醒而难以逃生等。因此，专家建议最好的方法是“同房分居”，这是指在两张床之间稍微隔开，加上活动拖门或柜子等，两人呼吸同样的空气却能保持适度距离，夫妻寝室学越来越有得探讨！

简讯离婚流行中

夫妻用简讯或Email离婚，
非常利落又免于冲突。
原本连话都不大说了，吵架也吵不起来，
用简讯通告离婚，然后请律师等第三者从中协议，
速度较快也较少摩擦，
还能保持双方最后仅存的一点情分。

要提出离婚，需要一点勇气，但或许通告离婚不再那么沉重了，因为“离婚简讯”已经变成一种常识！年轻男女用Email、简讯分手的事早已稀松平常，但最近日本用简讯离婚的案例开始多了起来。不只是年轻人，中高年男女使用Email或简讯来传递讯息、感情等也是常见手段，手机可以是不伦的温床，当然也会是夫妻吵架的舞台，而调查显示，最近三十至四十岁的妻子们，每三人就有一人是用简讯通告离婚，认为这样比当场直说还更快、更圆满！

三十几岁的夫妻不和分居，妻子回娘家一段时间便不再回来了，只发了简讯告知：“我想分手了！”许多丈夫虽还想修复关系，但借口工作忙碌而拖着没努力，虽也对夫妻没有好好对话有所反省，但

冷不防就收到妻子的离婚通告简讯了。

原本世间以为，通告离婚的简讯只发生在忙碌而聚少离多的高收入夫妻之间，其实不然，最近三年这种情形在普通夫妻间也大为增加，认为离婚这么重大的事应该要面对面好好商量，已经是老人家的想法了。现在夫妻用简讯或 Email 离婚，非常利落又免于冲突，原本连话都不大说了，吵架也吵不起来，用简讯通告离婚，然后请律师等第三者从中协议，速度较快也较少摩擦，还能保持双方最后仅存的一点情分。

在同一个屋檐下的当事人当面谈离婚，很容易动气，不断只提眼前最差劲的部分，许多想离婚的妻子尤其担心由自己提出，丈夫会觉得没面子而突然蜕变为家暴男或担心丈夫反而嚣张起来表示："我答应离婚也可以，可是你一块钱也别想带走！"甚至有的丈夫不愿面对、不加理会，回说："你在开什么玩笑？"

用简讯通告的大部分是妻子，但也有丈夫开始用了。有的丈夫连夜收到妻子传来制式简讯写道："晚饭放在冰箱，请用微波炉加热吃！"原本一直守家的妻子，突然开始展翅外飞讴歌自己的第二人生，第二人生蓝图里没有丈夫的影子，丈夫也觉得夫妻关系相敬如冰，而自己在公司的发展已经看得见终点，也会对人生蓦然，动念想解放自己。

现在日本中高年人使用简讯相当普遍，是很日常的沟通道具，许多中高年人认为如果简讯文面体贴，借此通告离婚也不失礼，还比留张字条就宣告离婚好些！最近十年，同居二十五年以上的夫妻离婚率变成两倍，同居三十年以上夫妻的离婚率变为三倍，熟年离婚件数增加率是所有离婚案件的两倍。婚姻和酒不同，未必越陈越香浓，中高年夫妻有了简讯通告离婚的手法可用，离婚更轻便，离婚率可能还将攀升！

图书在版编目（CIP）数据

日本现在进行式 / 刘黎儿著 . -- 北京 : 生活 · 读书 · 新知三联书店 , 2013.3
ISBN 978-7-108-04206-4

Ⅰ. ①日… Ⅱ. ①刘… Ⅲ. ①日本－概况 Ⅳ. ①K931.3

中国版本图书馆 CIP 数据核字（2012）第 185765 号

责任编辑　李钰洁
装帧设计　typo_d

日本现在进行式 / 刘黎儿著

出版发行　生活 · 读书 · 新知三联书店
（北京市东城区美术馆东街 22 号）
邮　　编　100010
经　　销　新华书店
印　　刷　北京中印联印务有限公司
版　　次　2013 年 3 月北京第 1 版
2013 年 3 月北京第 1 次印刷
开　　本　140mm × 200mm　1/32　印张　8.5
字　　数　320 千字　图片 5 幅
印　　数　0,001-7,000 册
定　　价　32.00 元